Maddalena Bolognese Ivana Viappiani

Amici D'ITALIA

Corso di lingua italiana

2

ESERCIZIARIO

Sommario

Unità 0 Si riparte!

Libro dello studente, pp. 10-13

1 (2) **Ascolta il dialogo relativo all'esercizio 3 di pagina 11 del libro dello studente e completa con le parole mancanti.**

Matilde: Ciao ragazzi!
Silvia: Ciao!
Rafael: Ciao a tutti! Finalmente ci rivediamo!
Alice: Sì, anche io sono ______________! Allora Rafael, le tue vacanze?
Rafael: ______________! Il Marocco è davvero magico! Adesso so tutto delle città imperiali e del deserto! Ma che caldo però! Per fortuna esistono le macchine con l'aria condizionata! Tu Alice?
Alice: Io e Teo invece tre settimane al fresco ______________.
Teo: Al fresco sì, ma che fatica lo stesso tutte quelle camminate in salita!
Silvia: Ah Teo... sei il solito pigrone!
Rafael: In montagna dove?
Teo: In Val d'Aosta, a Pila e a Cervinia. E le tue vacanze Silvia? Tu che sei sempre ______________.
Silvia: Tanto relax ______________ dai miei nonni! Ma dopo anche tanto divertimento ______________! Rimini è sempre così vivace! E poi quante possibilità di fare sport!
Rafael: Matilde, anche tu ______________, vero? Sei ancora abbronzata!
Matilde: Sì, il sole della Sicilia abbronza davvero!

2 Rimetti in ordine il dialogo.

- [ ] Che bel viaggio! Noi invece andiamo a Parigi, e poi a EuroDisney!
- [ ] Io vado con i miei genitori in Inghilterra.
- [1] Che bello! Cominciano le vacanze! Tu, che progetti hai?
- [ ] Sì, andiamo prima a Londra e poi al mare, a Brighton.
- [ ] Forte! Al parco divertimenti!
- [ ] In Inghilterra! A Londra?

3 Guarda le illustrazioni e scrivi che cosa dicono Teo e Rafael.

1 Pronto Rafael, sono Teo.

2 ______________

3 ______________

4 ______________

5 ______________

6 ______________

4 **Scrivi i giorni della settimana.**

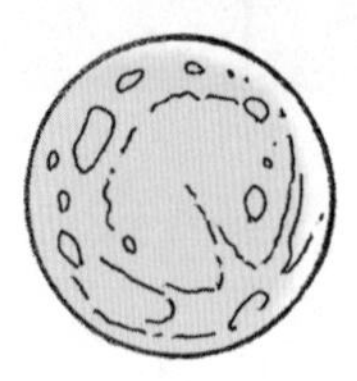

1 ______________, il giorno della Luna.

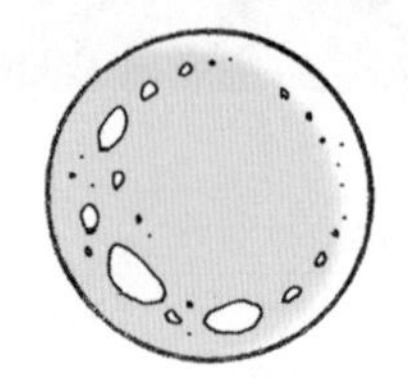

2 ______________, il giorno di Marte.

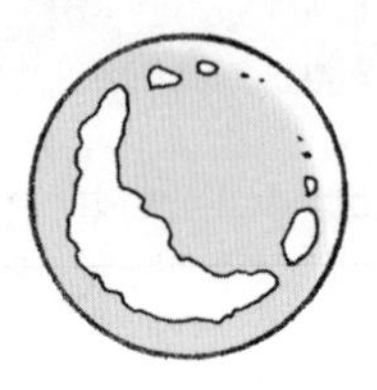

3 ______________, il giorno di Mercurio.

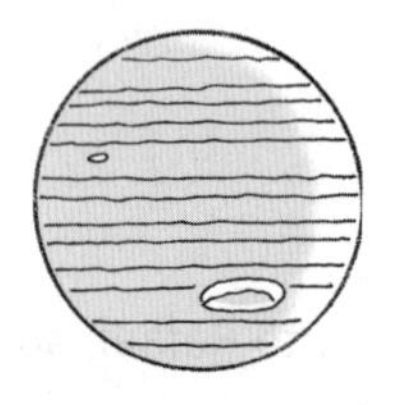

4 ______________, il giorno di Giove.

5 ______________, il giorno di Venere.

6 ______________, il giorno di Saturno.

7 ______________, il giorno del Sole.

5 **Cerca nella griglia altri 6 verbi coniugati al presente indicativo.**

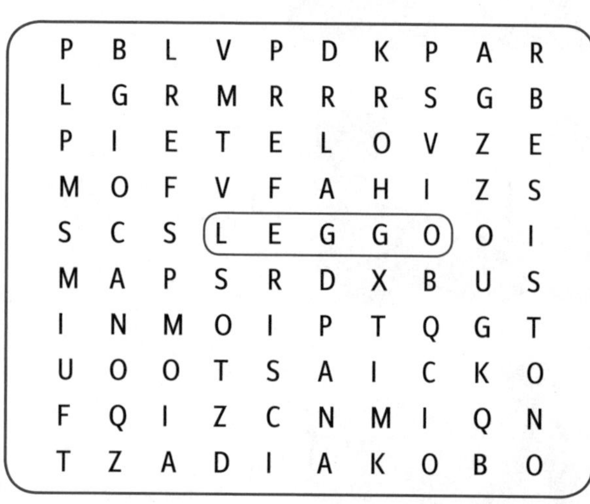

P	B	L	V	P	D	K	P	A	R
L	G	R	M	R	R	R	S	G	B
P	I	E	T	E	L	O	V	Z	E
M	O	F	V	F	A	H	I	Z	S
S	C	S	L	E	G	G	O	O	I
M	A	P	S	R	D	X	B	U	S
I	N	M	O	I	P	T	Q	G	T
U	O	O	T	S	A	I	C	K	O
F	Q	I	Z	C	N	M	I	Q	N
T	Z	A	D	I	A	K	O	B	O

6 **Scrivi delle frasi con i verbi dell'esercizio 5.**

1 *Leggo sempre i fumetti.*
2 ______________
3 ______________
4 ______________
5 ______________
6 ______________
7 ______________

7 **Completa la cartolina con le parole del riquadro.**

gente ▪ vado ▪ bagni ▪ vivace ▪ cara ▪ prendo

______________ *Alice,*

sono a Rimini! Tutti i giorni ______________ *al mare,* ______________ *il sole e faccio tanti* ______________*!*
La città è ______________ *e sempre piena di* ______________.
Mi piace moltissimo stare qui!
Baci
Silvia

Alice Rossi
via Luigi Pirandello 124
10148 Torino

Unità 1 Un appuntamento

Libro dello studente, pp. 14-15

1 (3) **Ascolta il dialogo a pagina 14 del libro dello studente e indica se le affermazioni sono vere (V) o false (F).**

		V	F
1	Alberto telefona ad Alice.	☐	☐
2	Alberto deve solo finire i compiti.	☐	☐
3	Alice non vuole andare al club sportivo.	☐	☐
4	La casa di Alice è vicino alla casa di Alberto.	☐	☐
5	Alice non sa come arrivare a casa di Alberto.	☐	☐
6	Alice non è mai puntuale agli appuntamenti.	☐	☐

2 (3) **Ascolta di nuovo il dialogo a pagina 14 del libro dello studente e completa questa parte.**

Alice: Sì, volentieri! Ho sentito che c'è anche il pattinaggio su ghiaccio! Ma dov'è esattamente?
Alberto: Proprio ______________ casa mia. Puoi venire qui e poi andiamo insieme!
Alice: Va bene, qual è il tuo ______________________________?
Alberto: Via Mazzini 6.
Alice: Mi sai dire quale autobus arriva ___________ Mazzini?
Alberto: Ma non prendere l'autobus, vieni _________, non è _______________!
Alice: Non so arrivare a piedi ___________ casa tua!
Alberto: Non dire così, è facilissimo! Allora, quando esci supera _________________ e poi va' sempre ___________ lungo viale Po. Prendi la terza ___________ a sinistra, attraversa piazza Garibaldi e gira alla seconda ___________: io abito lì, vicino ______________ con corso Indipendenza. Conosci il teatro Odeon?
Alice: Sì, lo conosco bene!
Alberto: Ecco, io abito proprio lì ___________!

3 Metti in ordine le frasi del dialogo.

☐ Mi sai dire quale autobus arriva in via Mazzini?
☐ Proprio vicino a casa mia. Puoi venire qui e poi andiamo insieme!
[1] Dov'è esattamente?
☐ Non dire così, è facilissimo!
☐ Va bene, qual è il tuo indirizzo?
☐ Ma non prendere l'autobus, vieni a piedi, non è lontano!
☐ Via Mazzini 6.
☐ Non so arrivare a piedi a casa tua!

1 LESSICO

Libro dello studente, pp. 16-17

1 Trova nella griglia le parole del riquadro.

fermata ▪ incrocio ▪ municipio ▪ piazza ▪ rotonda ▪ semaforo ▪ stazione ▪ strada ▪ via ▪ viale

A	S	A	A	H	F	A	T	O	Y
I	U	E	D	D	T	Z	I	J	S
V	F	X	M	A	A	P	S	T	R
A	M	J	M	A	I	R	A	G	O
K	Z	R	G	C	F	Z	T	E	T
P	E	Z	I	F	I	O	L	S	O
F	X	N	A	O	Y	A	R	L	N
D	U	X	N	I	I	T	Q	O	D
M	A	E	H	V	P	V	B	C	A
O	I	C	O	R	C	N	I	E	J

2 Leggi le indicazioni e scrivi sulla cartina i nomi degli edifici.

Se attraversi i giardini pubblici ti trovi su viale della Resistenza. Sulla sinistra c'è il centro ricreativo per i bambini. Vicino c'è la Scuola di musica. Subito dopo, il Teatro Mercadante. Di fronte al centro ricreativo c'è la biblioteca e vicino alla biblioteca la gelateria Goloserie. All'incrocio con via Gramsci, girando a destra, arrivi al cinema Moderno. Se invece attraversi l'incrocio, sulla sinistra c'è il Museo comunale.

giardini pubblici

3 Rileggi il testo dell'esercizio 2 e completa le frasi con l'alternativa giusta.

1 Il centro ricreativo per bambini è
   a ☐ vicino alla Scuola di musica.
   b ☐ lontano dalla Scuola di musica.

2 La Scuola di musica è
   a ☐ di fronte alla gelateria.
   b ☐ di fronte al cinema.

3 Il teatro è
   a ☐ di fronte al centro ricreativo.
   b ☐ all'incrocio con via Gramsci.

4 La gelateria è
   a ☐ di fronte alla biblioteca.
   b ☐ vicino alla biblioteca.

5 Il cinema è
   a ☐ prima dell'incrocio.
   b ☐ dopo l'incrocio.

6 Il museo è
   a ☐ lontano dal teatro.
   b ☐ di fronte al teatro.

4 Completa le frasi con i numeri ordinali.

1 Il lunedì è il (1°) ________________ giorno della settimana.

2 Via Masaccio è la (4ª) ________________ strada dopo il semaforo.

3 Novembre è l'(11°) ________________ mese dell'anno.

4 Domani mia nonna festeggia il suo (80°) ________________ compleanno.

5 Nella corsa Lia arriva sempre (3ª) ________________.

6 Per il Museo delle scienze deve scendere alla (7ª) ________________ fermata.

1 **Completa il dialogo con le frasi mancanti.**

Ma è lontano! ▪ Scusa, dov'è la palestra? ▪ Va bene. Grazie mille. ▪ E la biblioteca dov'è? ▪ È la via della Posta?

■ ______________________
□ È vicino alla biblioteca.
■ ______________________
□ Allora, per andare alla biblioteca, attraversa la piazza e prendi via Gobetti.
■ ______________________
□ Sì, quella. Continua dritto fino alla libreria 'Il filo di Arianna' e poi gira a sinistra. All'angolo della strada c'è la biblioteca. La palestra è lì di fronte.
■ ______________________
□ No, non è lontano.
■ ______________________

2 **Osserva i disegni, poi completa le domande con il verbo 'sapere' e scrivi le risposte.**

1. *Voi sapete disegnare?* *No, non sappiamo disegnare.*
2. Tu ______ ? ______
3. Michele ______ ? ______
4. Gina e Leo ______ ? ______
5. Signor Rossi, ______ ? ______
6. Gianni, ______ ? ______

3 (4) **Metti in ordine il dialogo. Dopo ascolta e controlla.**

☐ Posso parlare con Angela?
☐ Arrivederci, Liliana.
☐ Buongiorno, signora. Sono Liliana.
☐ Mi dispiace, Angela non c'è. È al parco con Gabriella.
☐ Non è necessario. Vado anch'io al parco.
1 Pronto?
☐ Grazie, signora. ArrivederLa.
☐ Oh, ciao Liliana.
☐ Sa quando torna?
☐ Va bene. Come vuoi.
☐ Torna verso le sette. Perché non la chiami sul cellulare?

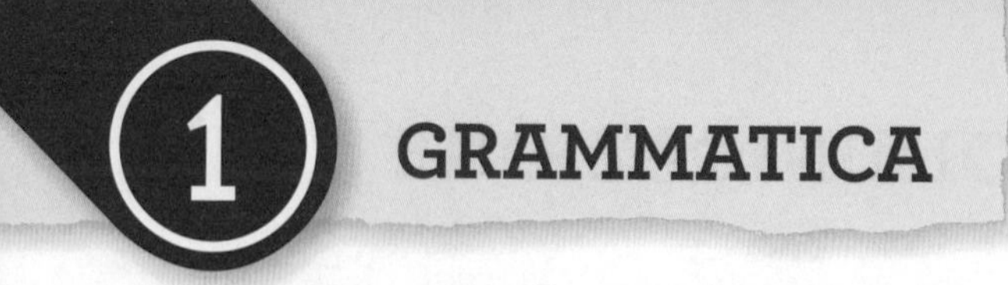

Libro dello studente, pp. 20-21

Il passato prossimo

1 Scrivi delle frasi utilizzando questi elementi.

Alice ✓	ho dovuto prendere	sul letto o sul divano?
Io e i miei amici	non hanno capito	l'autobus.
Voi	hai dormito	una bella vacanza in Sardegna.
Tu	non ha fatto ✓	la casa?
Fabio e Carlo	abbiamo passato	la spiegazione.
Io	avete venduto	ancora colazione. ✓

1 *Alice non ha fatto ancora colazione.*
2 ______
3 ______
4 ______
5 ______
6 ______

2 Guarda i disegni e scrivi una frase al passato prossimo con i verbi indicati.

comprare
Ha comprato un pallone.

vedere
______

ricevere
______

suonare
______

non capire
______

dormire
______

fare spese
______

non potere
______

3 Trasforma le frasi dal presente al passato prossimo.

1 Invito tutta la classe alla mia festa.
Ho invitato tutta la classe alla mia festa.
2 Simona preferisce fare i compiti in biblioteca.
______
3 Carla deve studiare per la verifica di scienze.
______
4 Anna e Stefania frequentano un corso di yoga.
______
5 Finiamo i compiti e poi facciamo merenda.
______
6 Ho l'influenza e la febbre.
______
7 Quando vendete questa macchina?
______
8 Non conosciamo molte persone alla festa.
______

L'imperativo

4 Trova i consigli adatti a ogni situazione e completa le frasi con l'imperativo affermativo e negativo alla 2ª persona singolare.

non mangiare cibi pesanti ▪ non restare sempre a casa ▪ non ripassare tutto all'ultimo momento ▪ mettere la crema solare ▪ non prendere il sole nelle ore più calde ▪ bere una camomilla ▪ la sera prima dormire almeno otto ore ▪ comprare una buona guida turistica ▪ uscire spesso con altre persone ▪ non portare valigie pesanti

1 Se vuoi avere nuovi amici, non restare sempre a casa ed esci spesso con altre persone.
2 Se vai al mare, ______.
3 Se hai mal di stomaco, ______.
4 Se vuoi passare l'esame, ______.
5 Se parti per le vacanze estive, ______.

5 Riscrivi le frasi dell'esercizio 4 all'imperativo formale.

1 Se vuole avere nuovi amici non resti sempre a casa ed esca spesso con altre persone.
2 ______
3 ______
4 ______
5 ______

6 (5) Ascolta e completa il testo.

- Lei ______ dov'è la biblioteca?
- Sì, ______ sempre dritto!
- E dopo?
- ______ la prima a destra, ______ la piazza della chiesa e ______ sempre dritto fino al liceo Pasolini.
- È lontano?
- No, di fronte al liceo c'è la biblioteca ma l'entrata non è lì davanti.
- E dov'è?
- Dopo la biblioteca ______ subito a destra e ______ l'entrata.
- Grazie.
- Di niente.

I pronomi diretti

7 Rispondi alle domande. Usa i pronomi personali diretti.

1 - Conosci quei ragazzi?
- No, non li conosco.
2 - Prendi un gelato con me?
- Sì, ______ volentieri.
3 - Da quanto tempo frequenti questa scuola?
- ______ da un anno.
4 - Quando incontri Valentina e Stella?
- ______ dopo la scuola.
5 - Guardi spesso la tv?
- No, ______ spesso, preferisco leggere.

8 (6) Completa il dialogo con i pronomi personali diretti. Dopo ascolta e controlla.

Mamma: Silvia, sono quasi le otto. Fai tardi a scuola!
Silvia: Mamma, dove sono i miei libri? Non ______ trovo!
Mamma: Sono nel tuo zaino.
Silvia: Non ______ vedo!
Mamma: È qui, ______ vedi?
Silvia: Non trovo le scarpe da ginnastica.
Mamma: ______ lasci sempre in bagno...
Silvia: La camicia blu dov'è?
Mamma: ______ sto stirando.

1 (7) **Ascolta il brano e rispondi alle domande.**

1 Dove si incontrano gli studenti?

____

2 Che cosa c'è vicino alla piscina comunale?

____

3 Quale via o piazza deve attraversare Matteo?

____

4 A quale incrocio deve girare?

____

5 All'incrocio deve girare a destra o a sinistra?

____

6 Qual è l'indirizzo dello stadio?

____

Leggere

2 Leggi l'email che Elisa scrive a Nicla. Dopo traccia sulla piantina il percorso che Nicla deve fare per arrivare al Club Bici & City.

Da: Elisa
A: Nicla
Oggetto: riunione

Ciao Nicla!
Sono contenta di sapere che vieni anche tu alla riunione al Club Bici & City per organizzare la gita in bicicletta. Sai dove è il club? È facile. Tu abiti in viale Dante Alighieri, vicino alla banca, vero? Allora, quando arrivi all'angolo, gira a sinistra in via Vivaldi. Alla rotonda, gira a destra e prendi viale delle Belle Arti. Quando arrivi in piazza dei Poeti, attraversa la piazza e prendi la prima via a sinistra, via Rossini. Continua fino all'incrocio con viale della Musica, al semaforo attraversa il viale e prendi la prima via a sinistra, via Cimarosa.
Il club è al numero 24.
A presto.
Ciao.

Elisa

Leggere e scrivere

3 **Leggi cosa scrivono alcuni ragazzi in un blog di adolescenti e dopo rispondi alle domande.**

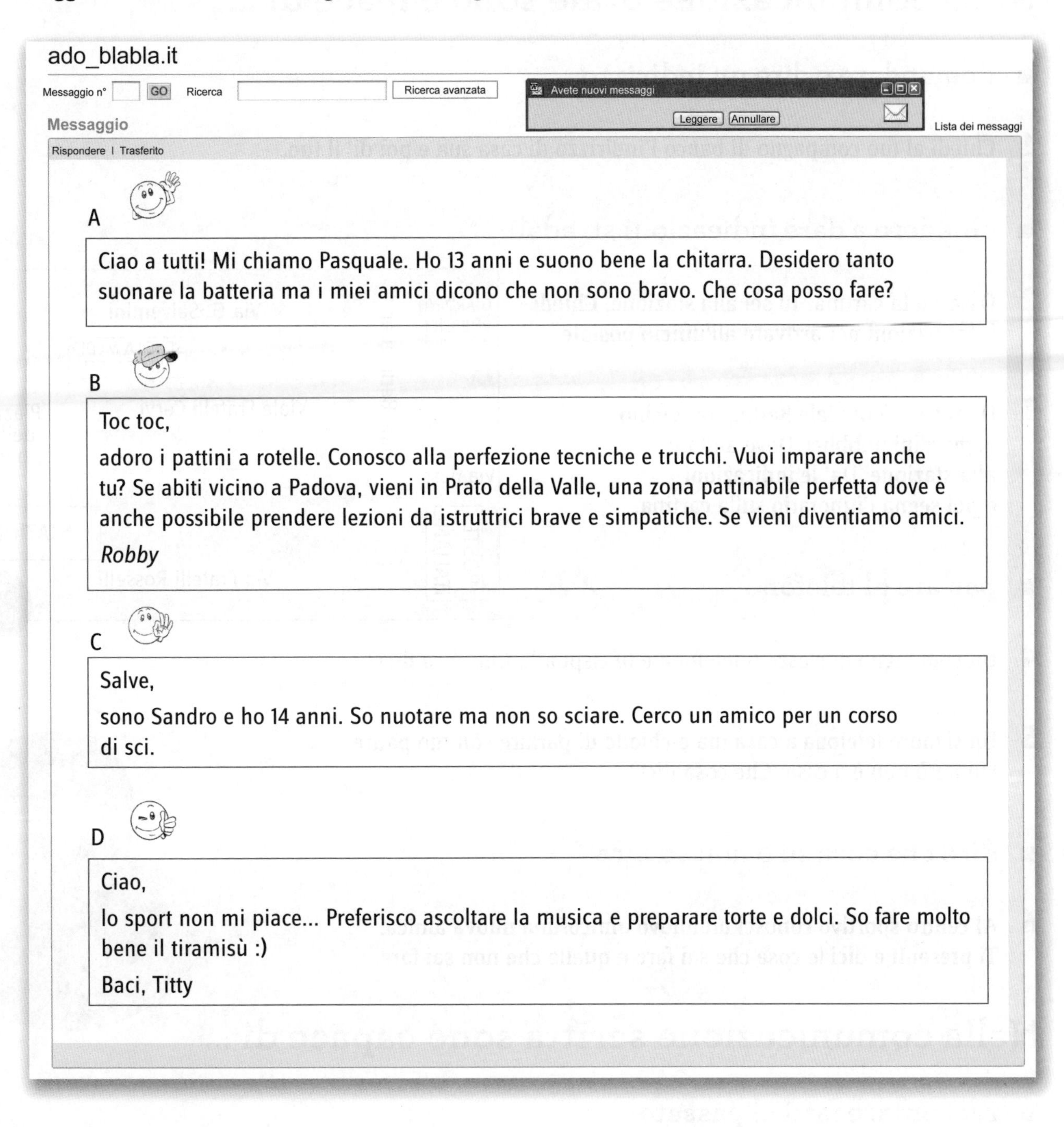

1 A quale messaggio rispondi se vuoi imparare a pattinare? ☐
2 A quale messaggio rispondi se ti piacciono i dolci? ☐
3 A quale messaggio rispondi se sai sciare? ☐
4 A quale messaggio rispondi se sai suonare la batteria? ☐

4 **E tu che cosa sai fare? Inventa un blog sul tuo quaderno, parla delle attività che sai fare e offri il tuo aiuto a un compagno o a una compagna che vuole imparare.**

Sei alla fine dell'Unità 1. Che cosa sai fare?

Nella comunicazione orale sono capace di ...

■ domandare e dire un indirizzo

1 Chiedi al tuo compagno di banco l'indirizzo di casa sua e poi di' il tuo.

■ chiedere e dare indicazioni stradali

2 Osserva la cartina. Tu sei alla stazione. Chiedi informazioni per arrivare all'ufficio postale.

3 Un turista è in viale Berlinguer vicino ai giardini pubblici. Deve andare alla stazione. Da' le indicazioni e poi segna l'itinerario sulla cartina.

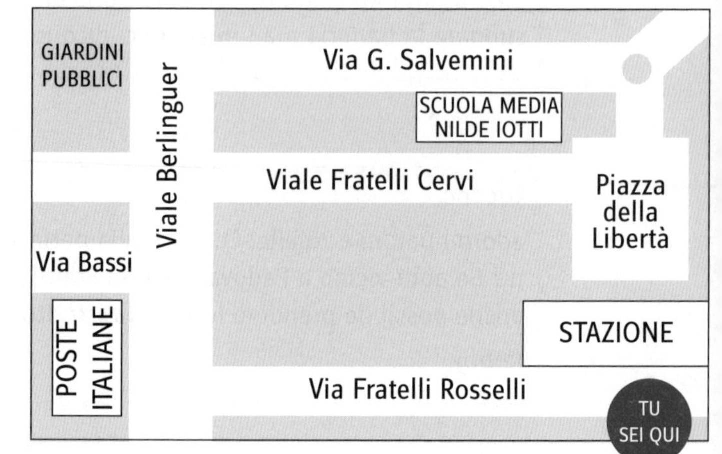

■ parlare al telefono

4 Un compagno di classe ti telefona e tu rispondi. Che cosa dici?

5 Un signore telefona a casa tua e chiede di parlare con tuo padre. Lui però non è a casa. Che cosa dici?

■ dire che cosa so o non so fare

6 Al centro sportivo conosci un nuovo amico/una nuova amica. Ti presenti e dici le cose che sai fare e quelle che non sai fare.

Nella comunicazione scritta sono capace di ...

■ raccontare fatti al passato

7 È lunedì. Scrivi una email a un'amica/un amico e racconta che cosa hai fatto il fine settimana.

Unità 2 L'ora di educazione fisica

Libro dello studente, pp. 26-27

1 (8) **Ascolta il dialogo a pagina 26 del libro dello studente e scegli l'informazione corrispondente all'immagine.**

1

a ☐ Muoio di sonno! Stanotte non ho dormito per il mal di denti!

b ☐ Muoio di sonno! Stanotte non ho dormito per il mal di testa!

2

a ☐ Sento freddo e tremo come una foglia, in più ho un terribile mal di pancia!

b ☐ Adesso sento freddo e tremo come una foglia, in più ho un terribile mal di testa!

3

a ☐ Silvia e Matilde, cominciate l'allenamento di ginnastica artistica!

b ☐ Silvia e Matilde, cominciate l'allenamento di pallavolo!

4

a ☐ Professore, scusi, ma oggi sto veramente male, non posso giocare.

b ☐ Professore, scusi, ma oggi non sto veramente male, posso giocare.

2 **Rileggi l'avviso a pagina 27 del libro dello studente e completa il testo con le informazioni mancanti.**

TORNEO SCOLASTICO DI CALCETTO

Il torneo di calcetto si svolge dal ________ al __________. Ogni squadra di calcetto è composta da 3 ________ e ________ studentesse. Se vuoi iscriverti al ________ vai in ________ o in __________ e parla con il ________ di educazione fisica entro il ________.

Le ________ di calcetto si giocano nel ________ della scuola.

Libro dello studente, pp. 28-29

1 **Completa le frasi con i nomi delle parti del corpo e riempi la griglia.**

1 Maria ha il ____________ piccolo, porta il 35 di scarpe.
2 Il plurale di ginocchio è ______________________.
3 Il singolare di sopracciglia è ______________________.
4 Nicola è dal dentista perché ha mal di ______________.
5 Tra gli occhi e i capelli c'è la ______________________.
6 Ascoltiamo la musica con le ______________________.
7 Irene ha male al ________________ e non può scrivere.
8 Sentiamo il profumo dei fiori con il ______________.
9 Un labbro, due ______________________________.
10 La ____________________ serve per mangiare e parlare.
11 Veronica vince molte gare di salto in lungo perché ha le ____________ lunghe e potenti.
12 In ogni mano ci sono cinque ______________________.

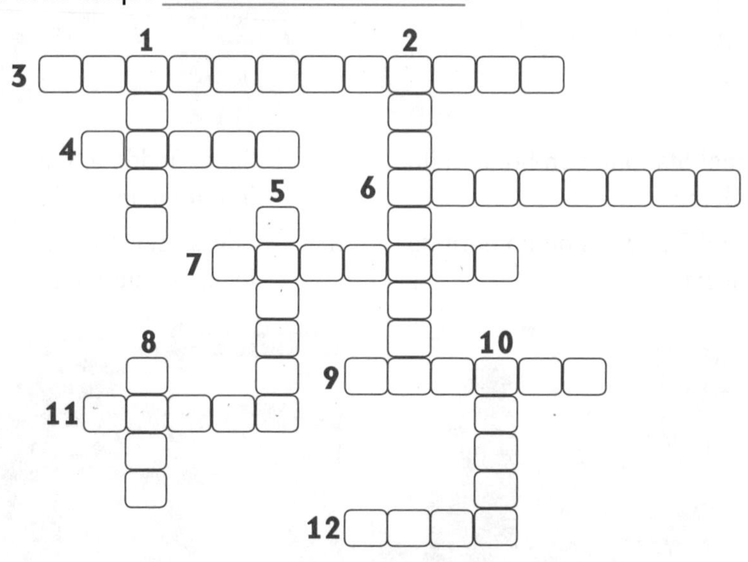

2 **Guarda le figure e scrivi lo sport a cui si riferiscono le immagini.**

1 ______________

2 ______________

3 ______________

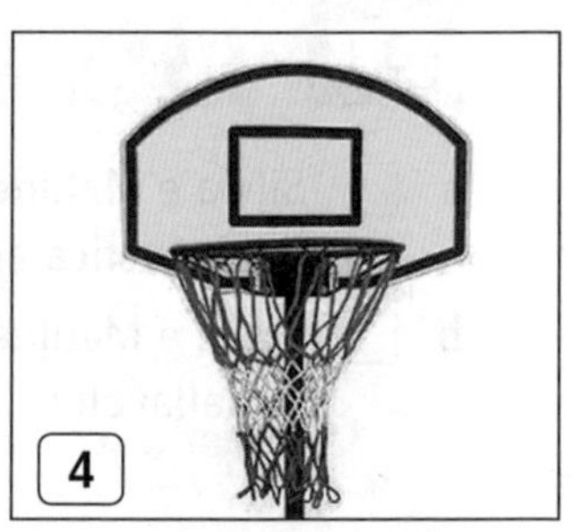
4 ______________

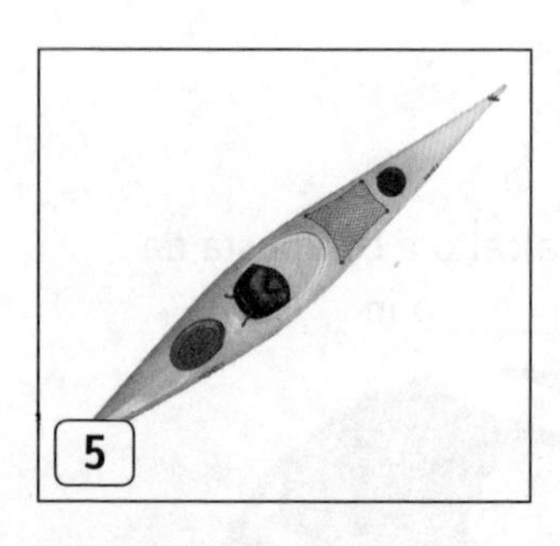
5 ______________

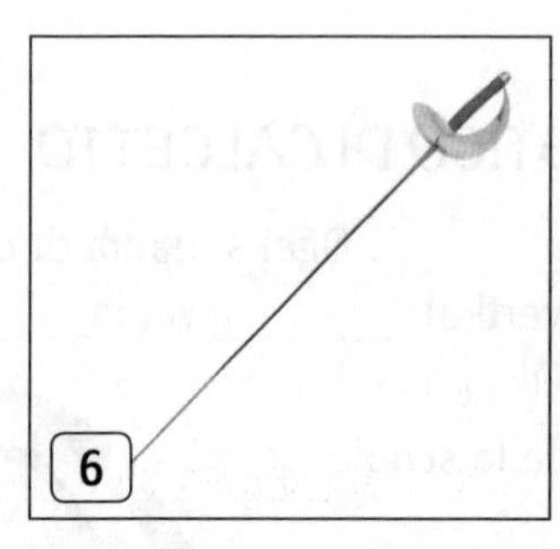
6 ______________

7 ______________

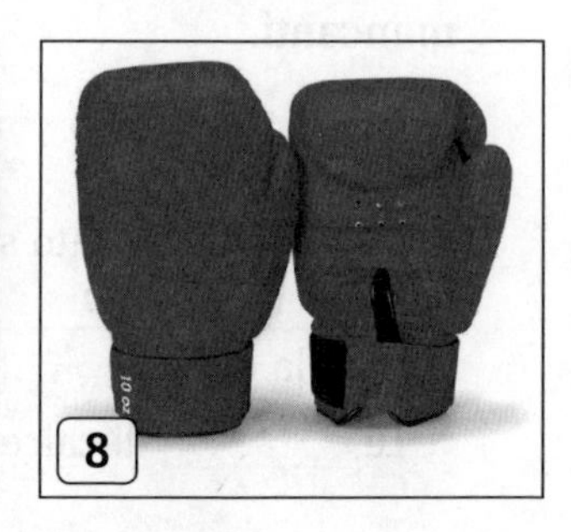
8 ______________

1 (9) **Completa il dialogo con le espressioni del riquadro. Dopo ascolta e controlla.**

per quale squadra tifi ▪ nella squadra di calcetto ▪ vado ad allenarmi ▪ ci vado una volta alla settimana ▪ sto andando al campo ▪ quante volte alla settimana ▪ ci vediamo a scuola ▪ in quale squadra giochi

Ale: Ciao Mirko, dove vai?
Mirko: Ciao Ale, ________________ sportivo.
Ale: Ah, vai a vedere una partita?
Mirko: No, ________________ con la mia squadra.
Ale: Anch'io gioco a calcio, veramente a calcetto! E ________________ ________________?
Mirko: Nella squadra del mio paese, il Dalerno under 15 e tu?
Ale: Io gioco ________________ della mia scuola. ________________ fai allenamento?
Mirko: Tre volte ma è molto impegnativo.
Ale: Io invece ________________ ma vorrei andarci più spesso. Adoro il calcio! Il Bologna è la mia squadra preferita. E tu, ________________?
Mirko: Tifo per il Napoli. Adesso devo proprio andare. Ciao Ale.
Ale: Ciao Mirko, ________________.

2 **Guarda le immagini e rispondi alle domande.**

1 Perché muore di curiosità?

____

2 Perché muore di caldo?

____

3 Perché muore di paura?

____

4 Perché muore di noia?

____

3 **Leggi le frasi e scegli il significato giusto.**

1 Mi dai una mano a finire la ricerca di storia?
a ☐ mi aiuti a finire b ☐ finisci per me

2 La camera di mio fratello è sempre disordinata perché lui non muove mai un dito per metterla in ordine.
a ☐ non ha tempo b ☐ è pigro e non fa niente

3 Sara parla sempre di Guido. Ha proprio perso la testa per lui.
a ☐ Sara ha mal di testa b ☐ Sara è molto innamorata

4 Sono arrivato in ritardo a scuola. Per fortuna il professore ha chiuso un occhio.
a ☐ non mi ha visto b ☐ non mi ha rimproverato

Libro dello studente, pp. 32-33

I verbi

1 Leggi le frasi e sottolinea il verbo giusto.

1 *Muoio/moro* dalla voglia di vedere la partita.
2 Marco e io *muoriamo/moriamo* di sonno.
3 Mina e Daniele *morono/muoiono* di sete.
4 Io non *salgo/salo* mai con l'ascensore.
5 Livia e Luca non *salono/salgono* sulla torre.
6 *Ti siedi/ti sedi* vicino a me?
7 Gino *si sede/si siede* su una panchina del parco.
8 Dove *vi sedete/siedete*?

2 Completa le frasi con i verbi 'morire', 'salire', 'sedersi'.

1 (Tu) ____________________ di fame? Perché non mangi qualcosa?
2 Il mio professore quando spiega non ____________________ mai.
3 I bambini vanno a letto perché __________ di sonno.
4 Perché (tu) non __________ con l'ascensore?
5 Franco e Maria __________ sempre vicini.
6 Voi __________ le scale sempre di corsa.
7 Abbiamo camminato molto, __________ un po'.
8 Andiamo al primo piano, perciò __________ a piedi.

3 Trova nello schema 8 participi passati irregolari. Dopo scrivili accanto al verbo giusto.

T	N	C	H	O	Q	D	V
D	K	X	O	S	S	E	M
K	J	V	T	R	O	T	H
T	L	V	T	E	S	T	U
H	D	I	A	P	E	O	E
D	W	N	F	Z	R	C	X
A	H	T	H	M	P	D	X
S	N	O	T	S	I	V	H

correre	__________	vedere	__________
prendere	__________	dire	__________
fare	__________	vincere	__________
mettere	__________	perdere	__________

4 Osserva i disegni e completa le frasi con il verbo al passato. Usa i verbi dell'esercizio 3.

Ieri ho corso per un'ora nel parco.

Caterina __________ l'influenza.

(Tu) __________ la partita ieri in tv?

I ragazzi __________ i pattini nella borsa.

Il Milan __________ contro il Napoli.

(Io) __________ la verità.

(Voi) __________ allenamento in palestra.

Chi __________ la gara di Formula Uno?

I pronomi diretti atoni

5 **Leggi il testo e sottolinea i pronomi diretti.**

Mia nonna Matilde è una bravissima cuoca. Le sue specialità sono le torte alla frutta e, quando le prepara, mi invita perché sa che le adoro. Fa anche dei buonissimi biscotti al miele e li serve sempre con la cioccolata calda. Qualche volta vado a casa sua con il mio amico Ciro e, dopo la merenda, lei ci porta al parco a giocare. Dopo ci accompagna a casa e noi felici la salutiamo con un grosso bacio.

6 **Quali parole sostituiscono i pronomi diretti dell'esercizio 5?**

1 le prepara ______ le = le torte ______
2 ______ ______
3 ______ ______
4 ______ ______
5 ______ ______
6 ______ ______
7 ______ ______

7 **Leggi le frasi, cancella le ripetizioni e dopo riscrivi le frasi con il pronome diretto giusto.**

1 Mi piace molto la frutta. Mangio ~~la frutta~~ dopo pranzo, a merenda e a cena.
Mi piace molto la frutta. La mangio dopo pranzo, a merenda e a cena.
2 Abbiamo pochi compiti. Quando finisco i compiti vado al parco.
______
3 Questo film è molto bello. Rivedo volentieri il film.
______
4 I pattini sono in sconto. Perché non compri ora i pattini?
______
5 Le gare di atletica cominciano domani. Seguiamo insieme le gare?
______

8 **Completa i dialoghi con il pronome diretto giusto.**

Dialogo 1

- Io prendo un tè. ______ vorrei freddo e con il limone.
- Io preferisco una limonata ma ______ vorrei senza zucchero.
- Prendiamo anche due paste. ______ vorremmo al cioccolato.

Dialogo 2

- Sono qui, ______ vedi?
- Ah sì, ora ______ vedo. E gli altri dove sono?

Il "ci" locativo

9 **Leggi le frasi e scrivi il significato del 'ci' locativo.**

1 - Come vieni a scuola?
- Ci vengo in bici! ci = a scuola
2 Quando Sonia va al museo ci sta per ore!
______
3 Abitiamo a Torino e ci stiamo molto bene.
______
4 - Con chi vai al campo sportivo?
- Ci vado con Mario. ______
5 - Chi resta in palestra per gli allenamenti?
- Ci restiamo noi! ______
6 Domani parto per il mare e ci rimango tutta l'estate! ______

Le congiunzioni

10 **Metti in ordine le parole e scrivi le frasi.**

1 domani/stasera/presto/visto che/vado/la gara/a letto/ho
______
2 a casa/siamo raffreddati/restiamo/dato che/e non usciamo
______
3 prendiamo/è tardi/dato che/non andiamo/l'autobus/a piedi
______
4 un po' di tempo/una partita/visto che/abbiamo/facciamo
______

2 VERSO LA CERTIFICAZIONE

Libro dello studente, pp. 34-35

Ascoltare

1 (10) **Ascolta il brano e indica le informazioni che sono presenti nel testo.**

1 ☐ Il campo estivo Bosco Avventura è aperto nei mesi di giugno e luglio.
2 ☐ Possono partecipare al campo solo i bambini delle scuole elementari.
3 ☐ È possibile fare attività sportive anche di sabato e domenica.
4 ☐ Le attività del campo cominciano alle 9.00.
5 ☐ Le attività sportive comprendono tornei di nuoto.
6 ☐ I partecipanti possono pranzare e fare merenda nel parco.

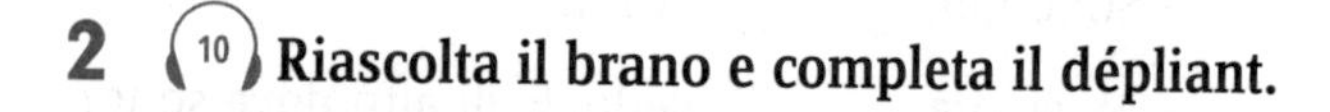

2 (10) **Riascolta il brano e completa il dépliant.**

CAMPO ESTIVO
Bosco Avventura

1 giugno - ________

Orario: dalle ________ alle ________
Giorni: dal lunedì al ______________________.
Attività ricreative: tornei di calcio, ____________, ____________, ____________.
Giochi d'acqua e ____________________ nel bosco.
Attività di doposcuola. ________ e ________ inclusi nel prezzo.

Leggere

3 **Leggi l'intervista e completa le frasi.**

I ragazzi della squadra di pallanuoto

Giornalista: Ciao a tutti! Come mai avete scelto questo sport e non, per esempio, il calcio?

Daniele: Ho scelto questo sport dieci anni fa. Ho praticato per un po' il calcio e poi ho seguito l'esempio di mio zio che pratica la pallanuoto da molti anni.

Marco: Io invece da bambino ho praticato il nuoto, poi mi hanno chiesto di giocare a pallanuoto. Ho provato e ho deciso subito di entrare in questa squadra.

Carlo: Io ho due fratelli più grandi che giocano a pallanuoto e così ho seguito la loro passione.

Piero: Anch'io vengo dal nuoto. Da ragazzino ho nuotato per molti anni ma poi ho scelto la pallanuoto.

Giornalista: Questo sport influisce molto sulla vostra vita? Per esempio, qual è la vostra giornata tipo?

Giocatori: La mattina abbiamo diversi impegni. C'è chi lavora e chi studia. Poi la sera, dalle 18.30 alle 22.30 ci alleniamo. Ma non viviamo solo tra scuola, lavoro e piscina: la sera riusciamo anche a uscire, stare con gli amici e andare alle feste, anche se ci alleniamo tutti i giorni.

Giornalista: Quale deve essere il carattere ideale del pallanuotista?

Giocatori: Devi avere un carattere molto aperto e solare perché, come in ogni sport di gruppo, devi essere amico di tutti e andare d'accordo con tutti.

Giornalista: Per concludere, perché vi piace la pallanuoto?

Carlo: Perché è come avere molti fratelli.

Piero: Quando nuoto riesco a scaricare tutto lo stress della settimana.

Daniele: Con la pallanuoto mi diverto e dimentico tutto.

Marco: La pallanuoto aiuta ad affrontare meglio la vita e i suoi problemi.

1 Daniele ha scelto la pallanuoto perché ______
2 Carlo ha seguito ______
3 I ragazzi si allenano tutti i giorni dalle ______
4 La mattina ______
5 La sera ______
6 Il carattere del pallanuotista deve essere ______

4 **Rileggi l'intervista e completa la tabella. Sono possibili più risposte.**

	Daniele	Marco	Carlo	Piero
Chi ha praticato il calcio?				
Chi ha praticato il nuoto?				
Chi ha scelto lo sport dei fratelli?				
Per chi la pallanuoto è come una famiglia?				
Chi si rilassa con la pallanuoto?				
Per chi la pallanuoto serve a vivere meglio?				

Scrivere

5 **Hai l'estate libera e vorresti partecipare alle attività del campo estivo Magellano. Scrivi un'email al signor Alberto Motta, direttore del campo, per chiedere il periodo, il prezzo, le attività e i documenti necessari.**

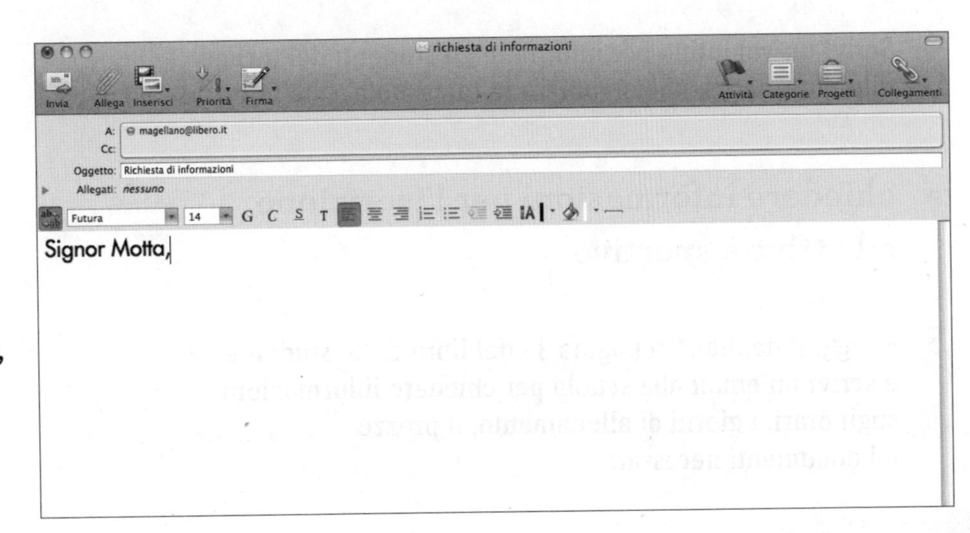

Sei alla fine dell'Unità 2. Che cosa sai fare?

Nella comunicazione orale sono capace di ...

■ dire quali sport pratico e seguo

1 Racconta al tuo compagno di banco quali sport ti piacciono, quali non, e spiega perché.

■ chiedere quali sport si praticano e si seguono

2 Mostra queste foto al tuo compagno di banco. Chiedi se segue questi sport, se e quando li pratica.

■ chiedere e dare opinioni

3 Secondo te, è importante fare sport? Spiega perché e discutine con un compagno.

Nella comunicazione scritta sono capace di ...

■ scrivere un volantino di partecipazione a un torneo

4 Scrivi un volantino per informare gli studenti del torneo di pallacanestro che organizza la tua scuola.

■ chiedere informazioni per l'iscrizione ad attività sportive

5 Rileggi il dépliant di pagina 34 del libro dello studente e scrivi un'email alla scuola per chiedere informazioni sugli orari, i giorni di allenamento, il prezzo e i documenti necessari.

Unità 3 Un pomeriggio al cinema

Libro dello studente, pp. 38-39

1 (11) **Ascolta di nuovo il dialogo a pagina 38 del libro dello studente e metti in ordine le immagini. Dopo scegli l'affermazione corretta e abbinala al disegno corrispondente.**

1 a ☐ Matilde domanda ad Alice come è andata con Rafael.
  b ☐ Matilde domanda ad Alice dove è andata con Rafael.
2 a ☐ Alice è arrivata al cinema dopo Rafael.
  b ☐ Alice è arrivata al cinema prima di Rafael.
3 a ☐ Rafael ha comprato i popcorn.
  b ☐ Rafael ha comprato i biglietti.
4 a ☐ Il film è stato davvero bello.
  b ☐ Il film non è stato spettacolare.
5 a ☐ Alice e Rafael hanno cenato in centro.
  b ☐ Alice e Rafael hanno bevuto un frullato in centro.
6 a ☐ Rafael ha saputo che hanno aperto una mostra su *Star Trek*.
  b ☐ Rafael ha saputo che hanno aperto un nuovo bar.

2 **Abbina le due parti delle frasi. Dopo rileggi il dialogo a pagina 38 del libro dello studente e controlla.**

1 ☐ Lo so che
2 ☐ Siamo entrati
3 ☐ Che film
4 ☐ Ho scoperto che i film di fantascienza
5 ☐ Lo spettacolo
6 ☐ Rafael ha saputo

a piacciono anche a Rafael.
b che hanno aperto una mostra.
c sei uscita con Rafael.
d è finito alle 20.00
e in sala.
f avete visto?

Libro dello studente, pp. 40-41

1 **Leggi l'email che Fabio ha scritto a un suo amico e sottolinea le 10 parole del cinema.**

Ciao,
sabato scorso io e mia sorella abbiamo visto il film *Il cavaliere oscuro - Il ritorno*. Siamo andati all'Olimpia perché ha uno schermo gigante. Abbiamo comprato i biglietti al botteghino e siamo entrati in sala. A un certo punto, tra gli spettatori in piedi vicino all'uscita di sicurezza, ho visto un mio caro amico. L'ho chiamato e abbiamo deciso di prendere tre poltrone vicine. Il film è davvero spettacolare e la colonna sonora molto bella. Se non l'hai ancora visto, devi vederlo assolutamente! Prima di uscire, ho comprato la locandina per la mia collezione.
E tu, cosa hai fatto?
A presto,
Fabio

2 **Completa le frasi con le parole che hai sottolineato nella lettura. Fa' attenzione al singolare o al plurale.**

1 Siamo in anticipo; il ____________ del cinema è ancora chiuso.
2 Sulla ____________ sono scritti il titolo del film e i nomi del regista e degli attori.
3 Quando comincia il film in ____________ si spengono le luci.
4 Ennio Morricone ha composto le ____________ di molti film.
5 Durante la proiezione del film, uno ____________ si è sentito male.
6 In questo cinema lo ____________ è davvero piccolo.
7 Vedi quella scritta verde e bianca sulla porta? L'____________ è lì.
8 Al cinema Farnese, il mercoledì il ____________ è scontato per tutti.
9 Il ____________ *Il peggior Natale della mia vita* è stato molto divertente.
10 La mia ____________ è quella in quarta fila. E la tua?

3 **Scrivi il genere del film sotto le foto.**

____

____

____

____

____

____

4 (12) **Ascolta le informazioni su alcuni professionisti del cinema italiano. Dopo associa le professioni ai testi che ascolti.**

☐ montatore
☐ compositore
☐ regista
☐ interprete
☐ scenografo
☐ costumista

1 Scrivi le domande giuste.

Vuoi sapere:

1 il titolo di un film

___

2 il genere di un film

___

3 il nome del regista

___

4 chi ha diretto un film

___

5 chi sono gli attori

___

6 chi ha composto la colonna sonora

___

2 Guarda i disegni e racconta che cosa è successo.

1 Pino ha ricevuto un nuovo videogioco e...

___

2 Mara ha telefonato a Piero...

___

3a Metti in ordine le frasi del dialogo tra Milena e Valentina all'uscita dal cinema.

☐ **Milena:** Non direi, le scene non hanno niente di speciale!
☐ **Valentina:** E cosa dici della scenografia, allora? È davvero spettacolare!
1 **Milena:** La prossima volta che andiamo al cinema, scelgo io il film da vedere!
☐ **Valentina:** Secondo me, invece, è un film da non perdere! E poi il protagonista... lo adoro!
☐ **Milena:** No, non mi è piaciuto, non è il mio genere.
☐ **Valentina:** Perché, questo film non ti è piaciuto?
☐ **Milena:** Insomma, l'attore non è stato un granché.
☐ **Valentina:** Ho capito! Non ti è proprio piaciuto!

3b Abbina le espressioni utilizzate nell'esercizio 3a al loro significato.

1 ☐ Spettacolare!
2 ☐ Da non perdere!
3 ☐ Lo adoro!
4 ☐ Non è il mio genere.
5 ☐ Non hanno niente di speciale.
6 ☐ Insomma... non è stato un granché.

a Mi piace tantissimo!
b Non sono originali.
c Non ha recitato molto bene.
d Da vedere!
e Magnifico!
f Non mi piace questo tipo di film.

Libro dello studente, pp. 44-45

I verbi

1 Leggi le frasi e cambia il verbo evidenziato con quello giusto, coniugandolo alla forma corretta.

1 Non capisco l'inglese. Marco, mi **produci** questa lettera in italiano?
traduci

2 Per vedere un film, accendi il computer, **traduci** il DVD e premi *play*.
______

3 Carlo e Francesco devono **introdurre** questa pagina dal francese all'italiano.
______

4 Quali modelli di auto **introducete** in questa fabbrica?
______

5 Oggi il prof. di matematica **traduce** il teorema di Pitagora.
______

6 In Toscana **traducono** dell'olio buonissimo.
______

7 Il direttore **produce** i nuovi impiegati con una conferenza.
______

8 **Traducete** anche tessuti di lino?
______

Passato prossimo II

2 Abbina l'infinito al participio passato.

1 ☐ nascere
2 ☐ aprire
3 ☐ prendere
4 ☐ scrivere
5 ☐ scoprire
6 ☐ vedere
7 ☐ rimanere
8 ☐ bere

a rimasto
b scritto
c bevuto
d nato
e visto
f preso
g scoperto
h aperto

3 Completa i participi passati con la vocale giusta.

1 Il regista Bernardo Bertolucci è nat___ a Parma.
2 Angela è cresciut___ in campagna.
3 Io e Rafael siamo andat___ al cinema.
4 Il concerto è stat___ molto bello!
5 Ragazzi, dopo il film siete rimast_ in centro?
6 La mostra mi è piaciut___ moltissimo!
7 Ieri Linda e Maria non sono venut___ in biblioteca.
8 Sonia, a che ora sei tornat___ da scuola?
9 Come si chiamano i ragazzi che sono entrat___ ora?
10 Francesco è diventat___ proprio un bel ragazzo!

4 Completa le frasi con il verbo al passato prossimo.

1 Ieri Valentina (rimanere) ______ a casa tutto il giorno.
2 Gli studenti (entrare) ______ in classe e il professore (cominciare) ______ la lezione.
3 Andrea, (leggere) ______ le pagine di storia e (scrivere) ______ il tema di italiano?
4 Leonardo da Vinci (nascere) ______ nel 1452 ed (morire) ______ nel 1519.
5 Ragazzi, (fare) ______ i compiti per oggi?
6 Linda (arrivare) ______ tardi a scuola.
7 Cristoforo Colombo (scoprire) ______ l'America nel 1452.
8 Ieri Marcello e Pino (venire) ______ all'allenamento di calcetto.

5 **Che cosa hanno fatto? Sotto ogni disegno scrivi una frase al passato prossimo.**

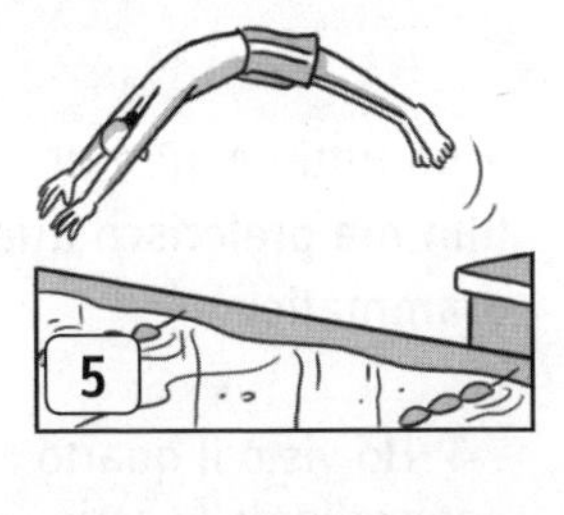

6 **Trasforma questo testo al passato prossimo e scrivilo sul tuo quaderno.**

Oggi Elisa fa colazione e dopo esce per andare a scuola. Ci arriva alle 8.00 e parla un po' con Stefano e Nando. Alla fine decidono di andare al cinema insieme dopo la scuola. Escono alle 13.00 e mangiano un panino in un bar. Dopo pranzo vanno al cinema e vedono *Magadascar 3*, un film a cartoni animati molto divertente. Piace molto a tutti e tre. Dopo il film, Stefano e Nando ritornano a casa, Elisa invece va in palestra per il corso di yoga.

Ieri Elisa...

7 **Collega le due parti di ogni frase.**

1 ☐ Le lasagne che ho mangiato
2 ☐ Non mi è piaciuto per niente
3 ☐ Cristina, ti è piaciuta la festa?
4 ☐ Che bel concerto!
5 ☐ Ti sono piaciuti
6 ☐ La partita di calcetto

a il film di ieri sera.
b i fiori che ti ho regalato?
c mi è piaciuta tantissimo.
d Mi è piaciuto da morire!
e No, non mi è piaciuta affatto.
f mi sono piaciute molto.

Nomi particolari

8 **Indica se i nomi sono singolari o plurali.**

	S	P
1 tema	☐	☐
2 problemi	☐	☐
3 teoremi	☐	☐
4 sistema	☐	☐
5 programmi	☐	☐
6 pigiama	☐	☐

Ascoltare

1 (13) **Ascolta e completa la tabella.**

	Leonardo	Gaia	Nadia	Gianni
Attività				
Quando				
Dove				
Come è stato				

Leggere

2 **Leggi i testi e indica chi ha visto questi film.**

☐ Amelia

Mi piacciono molto i film di fantascienza e horror.

☐ Leonardo

Ho una passione per i film d'avventura e d'azione.

☐ Gaia

Adoro tutti i film di Walt Disney, specialmente i cartoni animati.

☐ Massimo

Amo tutti i generi di film ma preferisco quelli drammatici.

1 Ieri ho visto un film di animazione divertentissimo e molto colorato. Il leone Alex, la zebra Marty, la giraffa Melman, e l'ippopotamo Gloria sono fuggiti dallo zoo di New York. Sono arrivati in Madagascar e poi nell'Africa centrale. Dopo un po' di tempo, però, cominciano ad avere nostalgia di New York e quindi decidono di tornare. Il viaggio di ritorno è pieno di sorprese!

2 Il film che ho visto racconta di un gruppo di ragazzi appassionati di cinema. Mentre girano il loro film, assistono a un incidente ferroviario. Nel treno trovano strani oggetti a forma di cubo. Dopo l'incidente accadono cose strane in città: scompaiono elettrodomestici, motori di auto e anche alcune persone. I ragazzi scoprono che i cubi sono i pezzi d'assemblaggio per un'astronave e che un alieno gira per la città e rapisce le persone.

3 Ho visto un bellissimo film! Racconta di alcuni uomini che rapiscono Filippo, un bambino di 10 anni, e lo nascondono in un buco sottoterra in campagna. Michele, un altro bambino che gioca lì vicino, scopre il buco e vede il bambino rapito. All'inizio, Michele ha paura e scappa ma dopo torna da Filippo e gli porta da mangiare, gli parla e gli ridà una speranza. Alla fine, lo aiuta a fuggire dalla sua prigione.

4 Ho visto il quarto episodio della serie cinematografica e non mi ha deluso! Un famoso archeologo e un suo collega sono alla ricerca di un antico teschio di cristallo in Perù. Anche i russi cercano questo oggetto perché ha proprietà magiche, e costringono l'archeologo a trovare El Dorado, la città di provenienza del teschio. Dopo molte avventure, la trovano, rimettono il teschio al suo posto e assistono alla distruzione della città.

3 **Rileggi le descrizioni dei film dell'esercizio 2 e abbinale alla locandina giusta.**

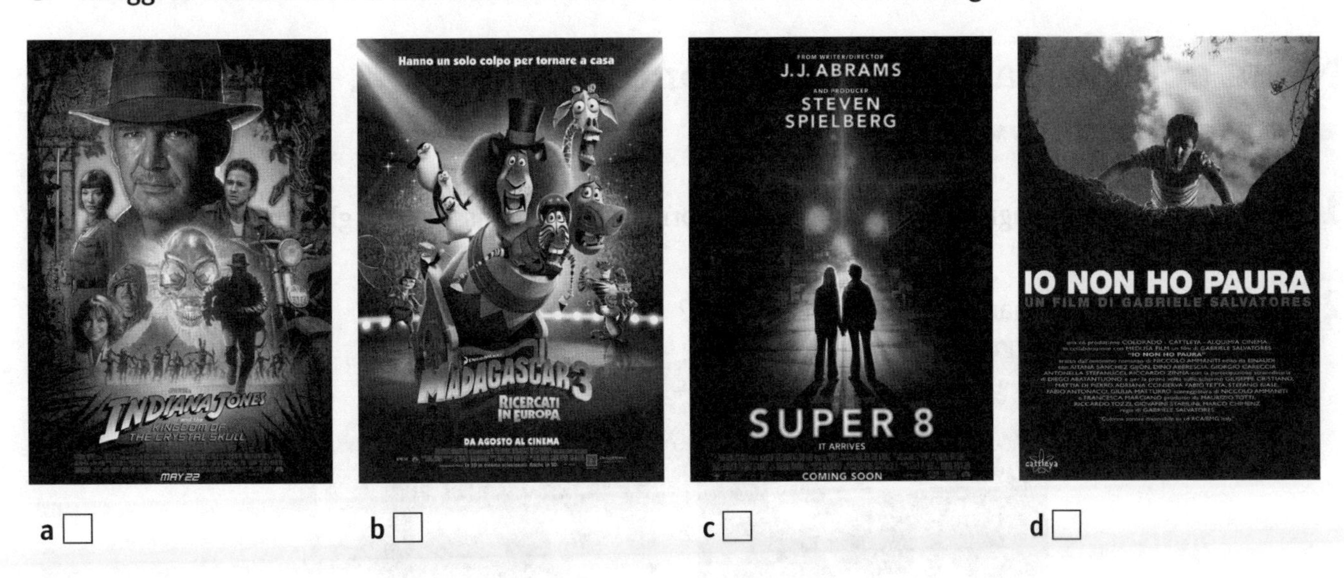

a ☐ b ☐ c ☐ d ☐

Scrivere

4 **Rispondi all'email di Fabio a pagina 22 e scrivi che cosa hai fatto lo scorso fine settimana.**

Competenza linguistica

5 **Coniuga i verbi al tempo opportuno.**

Ciao, (chiamarsi) ______________ Gioia. (avere) __________________ 13 anni e (frequentare) ______________ la seconda media. (piacere) __________________ molto la montagna e tutti gli anni (andare) ______________ in vacanza a Ortisei, in Trentino. Anche l'estate scorsa ci (essere) ______________ due settimane con la mia famiglia e la mia amica Stella (venire) ____________________ a trovarmi.
Io e Stella (essere) _____________ nella stessa classe e (abitare) _______________ nello stesso palazzo!
In montagna (fare) _______________________ lunghe passeggiate ed escursioni nei boschi, (andare) _______________ a cavallo e (giocare) ______________ molto. (essere) ____________________ una vacanza fantastica!

Sei alla fine dell'Unità 3. Che cosa sai fare?

Nella comunicazione orale sono capace di ...

- raccontare un avvenimento passato

1 Racconta al tuo compagno di banco una bella giornata che hai passato con gli amici.

2 Secondo te, che cosa hanno fatto queste persone?

- esprimere interesse

3 Hai visto un film che ti è piaciuto molto. Spiega perché.

- esprimere disinteresse

4 Hai visto in tv un programma che non ti è piaciuto. Spiega perché.

Nella comunicazione scritta sono capace di ...

- raccontare fatti passati e dire quello che mi piace o non mi piace vedere al cinema

5 Sei andato al cinema e hai visto un film. Scrivi un'email al tuo amico di penna italiano e racconta quale film hai visto, che genere è, chi è il regista e chi sono gli interpreti. Spiega perché ti è piaciuto o non ti è piaciuto.

Unità 

Che fame!

Libro dello studente, pp. 52-53

1 (14) **Ascolta di nuovo il dialogo a pagina 52 del libro dello studente, completa le frasi e abbinale al disegno corrispondente.**

a ☐ b ☐

c ☐ d ☐

(1) Teo: Che fame! Cosa mangiamo a ________?
Mamma: Prendi ________ di torta di mele.
Alice: Perché non prepariamo un budino al ________?
Teo: No dai, prepariamo ________, sono più buone del budino!
(2) Mamma: Va bene, ma non so se abbiamo tutti gli ingredienti. Vediamo la ricetta: ________, burro, ________, zucchero, farina e un po' di scorza di limone.
(3) Alice: In frigo ci sono le uova e ________ ma mancano ________ e la farina!
Mamma: Allora Teo, va' a comprarne un pacco al negozio di alimentari, se vuoi le frittelle; poi passa anche ________ e prendi un paio di limoni.
Teo: No, ma... forse possiamo fare ________...
Alice: Sei il solito pigro! Dai, ________ sono qui sotto casa, in cinque minuti vai e torni! Io e la mamma intanto cominciamo a preparare ________.
Teo: Uff... sempre a me ________ noiosi!
Mamma: Ma poi ricevi in premio le frittelle!
Teo: E va bene, però ne voglio ________ gigante! E sopra ci metto anche ________ al cioccolato!
Alice: Mamma mia, Teo! Sei tanto pigro quanto goloso!

Dal fruttivendolo

(4) Fruttivendolo: Ciao Teo, posso aiutarti?
Teo: Vorrei ________, per favore.
Fruttivendolo: Ecco, così va bene?
Teo: No, sono troppi, ne prendo solo ________, grazie. Quant'è?
Fruttivendolo: Sono ________ centesimi. Li hai spicci? Non ho ________...

2 **Rileggi il dialogo e completa il riassunto.**

Teo ha fame e vuole preparare le (1) ________ per merenda. La mamma controlla se ha tutti gli (2) ________. Ci sono le uova e il (3) ________ ma mancano la (4) ________ e i (5) ________. Così Teo va al negozio di (6) ________ a comprare un (7) ________ di farina e dal (8) ________ a comprare dei limoni. Teo è molto goloso, vuole mangiare una (9) ________ gigante di frittelle con la (10) ________ al cioccolato.

Libro dello studente, pp. 54-55

1 **Che cosa c'è nel frigorifero di Teo?**

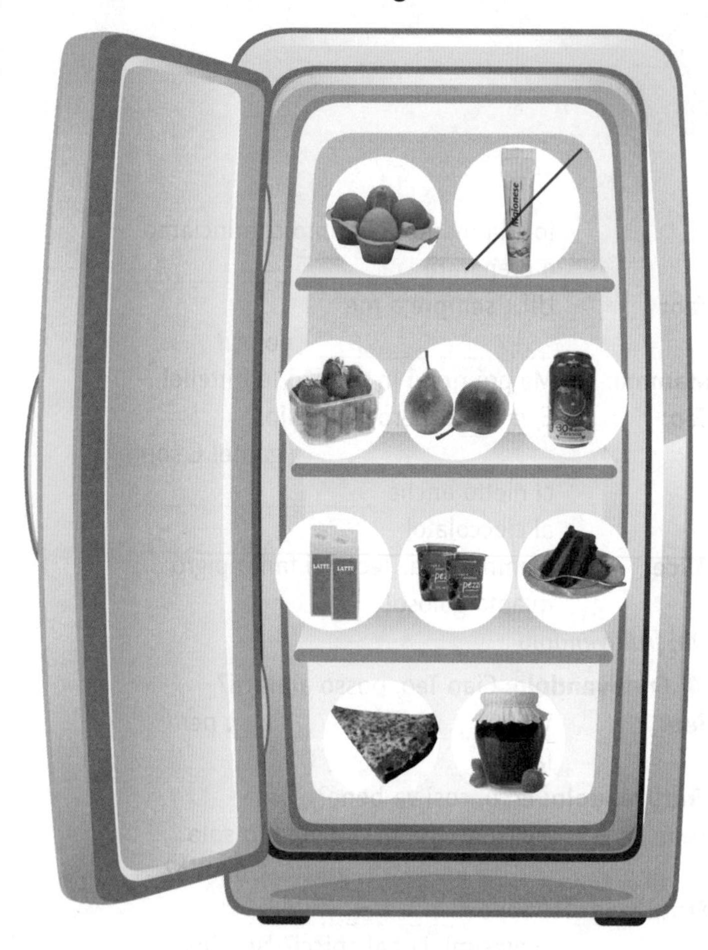

Un tubetto di maionese, ______

______

______

2 **Completa le frasi con le parole del riquadro.**

panetteria ▪ dal gelataio ▪ un cestino ▪ pezzo ▪ un litro ▪ pescheria ▪ pasticceria

1 La mamma fa gli spaghetti con le vongole, devo andare in ______.
2 Teo, va' in ______ a comprare due focacce, per favore.
3 Compro sempre il gelato ______ nel parco. È buonissimo!
4 Alice, se hai fame puoi mangiare il ______ di pizza che c'è nel forno.
5 I dolci di questa ______ sono davvero speciali!
6 Vorrei ______ di fragole e ______ di latte, per favore.

3 **Teo vuole invitare degli amici a cena e preparare la pizza margherita. Leggi il biglietto della mamma e poi scrivi dove deve andare Teo a fare la spesa.**

Teo, per favore, va' a fare la spesa per la pizza di questa sera e prendi anche delle cose che servono a noi.

Compra:
1 pacco di farina
6 uova
2 mozzarelle
1 chilo di pomodori
1 litro di latte
mezzo chilo di pane
Prendi anche un po' di pasticcini da offrire ai tuoi amici e un po' di vongole.

Domani vorrei fare gli spaghetti!
Non tornare tardi!

Un bacio
Mamma

dal pasticciere ▪ dal lattaio ▪ dal panettiere ▪ ~~al negozio di alimentari~~ ▪ dal fruttivendolo ▪ dal pescivendolo

Per comprare la farina Teo va al negozio di alimentari.

______

______

______

______

______

______

______

______

1 **La mamma di Alice e Teo va dal panettiere. Completa il dialogo con le frasi del riquadro.**

Sette euro. È appena uscita dal forno! ▪ Così va bene? ▪ Quant'è in tutto? ▪ Quanti ne vuole? ▪ Buongiorno signora, desidera? ▪ Posso pagare con il bancomat? ▪ Ecco a Lei. Altro? ▪ vorrei anche un po' di biscotti al miele.

Panettiere: ______________________
Mamma: Vorrei un pezzo di focaccia, quanto viene al chilo?
Panettiere: ______________________
Mamma: Bene, allora ne prendo mezzo chilo e poi ______________________
Panettiere: ______________________
Mamma: Circa tre etti.
Panettiere: ______________________
Mamma: No, ne metta ancora un po'. Sono golosa!
Panettiere: ______________________
Mamma: Sì, anche quel pezzo di pizza margherita, ho fame! ______________________
Panettiere: Sono otto euro e cinquanta.
Mamma: ______________________
Panettiere: Certo signora!

2 (15) **Ascolta e completa.**

1 - Quanto ne vuoi?
- ______________________.

2 - Ciao, posso aiutarti?
- ______________________.

3 - Paga in contanti?
- ______________________.

4 - È tutto?
- ______________________.

5 - Come paga?
- ______________________.

6 - Così va bene?
- ______________________.

3 **Guarda il disegno e scrivi un dialogo.**

____

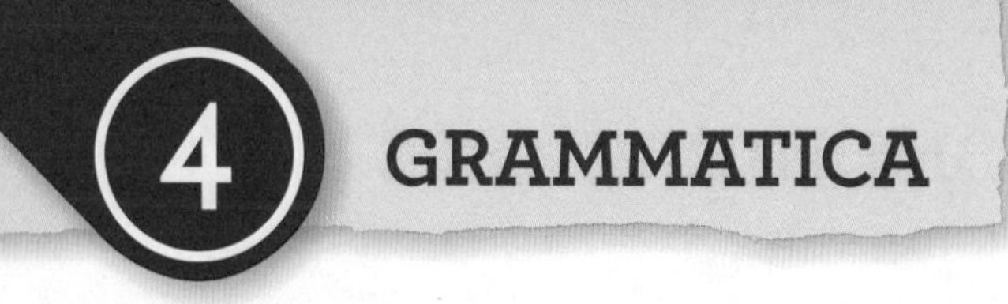

Libro dello studente, pp. 58-59

Preposizione 'da' + persona

1 Completa la tabella.

	il	lo	la	l'	i	gli	le
da	dal						

2 Abbina le due parti delle frasi.

1 ☐ Se voglio comprare una torta
2 ☐ Il gatto non sta bene, per questo Anna
3 ☐ Il pane è finito. Mina,
4 ☐ Per tagliare i capelli Lucia
5 ☐ Compriamo sempre la frutta
6 ☐ Marcello

a va' a prenderlo dal fornaio!
b da Gino, il fruttivendolo.
c vado dal pasticciere.
d resta dall'amico per studiare.
e lo porta dalla veterinaria.
f va dalla parrucchiera.

3 (16) Ascolta e completa le frasi con la preposizione giusta.

1 Vado ______ dentista due volte all'anno.
2 Domenica mangiamo ________ nonni.
3 Lia va ______ commessa perché vuole una taglia più grande.
4 Tina e Lory dormono spesso ______ loro cugine in campagna.
5 A luglio andiamo ______ zii che vivono in America.
6 Comprate la granita ______ gelataio sotto casa?
7 Loro vanno ______ avvocato per un consiglio.
8 Venite ______ me stasera?

I comparativi

4 Sottolinea la preposizione giusta.

1 Il pane è più economico *della/di* pizza.
2 Lo stadio è più grande *dello/del* bar.
3 Marzo è più lungo *del/di* febbraio.
4 Il Canada è meno caldo *dell'/di* Egitto.
5 I tuoi CD sono meno belli *di/dei* miei.
6 Leggo meno velocemente *di/dell*'insegnante.

5 Confronta questi oggetti e scrivi le frasi seguendo le indicazioni date.

moderno: l'MP3 + il lettore CD

1 L'MP3 è più moderno del lettore CD.

veloce: la macchina + la bicicletta

2 ______________________

pesante: le mele = le arance

3 ______________________

costoso: l'MP3 - il cellulare

4 ______________________

Il partitivo 'ne'

6 Riscrivi le frasi utilizzando il partitivo "ne".

1. Marta prepara il budino e mangia un po' di budino.
   Marta prepara il budino e ne mangia un po'.
2. A Pia piace la pasta. Mangia un etto di pasta al giorno.
   ______________________.
3. Tu prendi il latte e bevi un bicchiere di latte.
   ______________________.
4. Pino adora i gelati. Mangia sempre molti gelati.
   ______________________.
5. Mancano i limoni. Teo va a comprare due limoni.
   ______________________.
6. Per la torta serve la farina. Serve mezzo chilo di farina.
   ______________________.

7 Completa le frasi con un pronome diretto o con il 'ne'.

1. John è un mio amico. ______ conosco da molti anni.
2. Ho preparato la pizza. ______ vuoi un po'?
3. Ho tre esercizi. Ora ______ faccio due, dopo faccio l'altro.
4. Che buone le fragole! ______ posso mangiare tutte?
5. Claudia indossa spesso i jeans. ______ preferisce alle gonne.
6. È fresca la mozzarella? ______ vorrei sei etti.

Participi passati irregolari III

8 Completa il cruciverba con i participi passati dei verbi del riquadro.

accendere ▪ chiedere ▪ decidere ▪ offrire ▪ rispondere ▪ rompere ▪ spegnere ▪ vivere

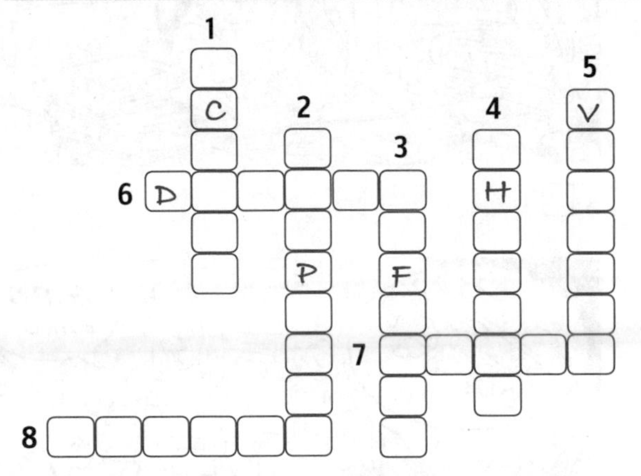

9 Completa le frasi con i participi passati dell'esercizio 8.

1. I miei amici mi hanno ______ una pizza.
2. Franco ha ______ la luce prima di andare a letto.
3. Abbiamo ______ le candele perché è andata via la corrente.
4. Hai ______ cosa fare domani?
5. Ho ______ il permesso di uscire.
6. Voi avete ______ il vetro della finestra?
7. Non ho ancora ______ all'email di Lia.
8. Stefano ha ______ una vita felice.

10 Completa le frasi con un verbo del riquadro coniugato al passato prossimo.

bere ▪ chiedere ▪ chiudere ▪ decidere ▪ rompere ▪ spegnere ▪ vedere ▪ vivere

1. Lino ______ il bicchiere.
2. I ragazzi ______ un bicchiere di latte.
3. (Io) ______ la finestra.
4. (voi) A chi ______ il permesso di uscire?
5. Gioia, ______ anche tu a Roma?
6. Giusy ______ la tv ed è uscita.
7. (Noi) ______ un bel film.
8. Ragazzi, ______ quale film vedere?

Libro dello studente, pp. 60-61

Ascoltare

1 (17) **Ascolta e associa i dialoghi alle immagini giuste.**

a ☐

c ☐

b ☐

d ☐

Leggere

2 **Leggi il volantino e segna se le frasi sono vere o false.**

Qualità e cortesia sono il biglietto da visita di questa famosa pasticceria nel cuore della città.
Al Dolcetto trovi specialità regionali, dolci e salate, e gelati in ogni stagione.
Vieni a trovarci da solo, con la tua famiglia o con gli amici o, se vuoi, ordina on line.
Offriamo una vasta scelta di confezioni regalo.

- **Prodotti e servizi**

Specialità regionali: gelati e granite, torte alla frutta, pasticcini, caramelle e cioccolatini ripieni.
Specialità salate: focacce con olive e pomodoro, pizzette mille sapori.
Gelati: alla frutta di stagione, alla frutta secca, al cioccolato, al caffè, allo yogurt.
Musica e wireless per sentirti come a casa tua.

- **Orari di apertura**

Lunedì: riposo settimanale.
Martedì, mercoledì, giovedì, venerdì:
dalle 07.00 alle 21.30.
Sabato e domenica:
dalle 07.00 alle 24.00.
In estate apertura fino alle 24.00 anche il venerdì.

		V	F
1	Al Dolcetto si entra con il biglietto.	☐	☐
2	Il Dolcetto prepara solo specialità internazionali.	☐	☐
3	Al Dolcetto è possibile comprare gelati tutto l'anno.	☐	☐
4	Il Dolcetto non fa vendite on line.	☐	☐
5	Al Dolcetto è possibile acquistare confezioni regalo.	☐	☐
6	Al Dolcetto c'è internet.	☐	☐

3 **Rileggi il testo e nella tabella scrivi l'orario di apertura del Dolcetto per ogni giorno.**

	dalle	alle
Lunedì		
Martedì		
Mercoledì		
Giovedì		
Venerdì		
Sabato		
Domenica		

Scrivere

4 **Ricordi l'esercizio 2 di pagina 30? Cosa scrive Teo per invitare gli amici a cena? Completa l'email indicando anche cosa prepara e a che ora aspetta gli amici a casa.**

Sei alla fine dell'Unità 4. Che cosa sai fare?

Nella comunicazione orale sono capace di ...

■ **indicare il nome di alcuni prodotti**

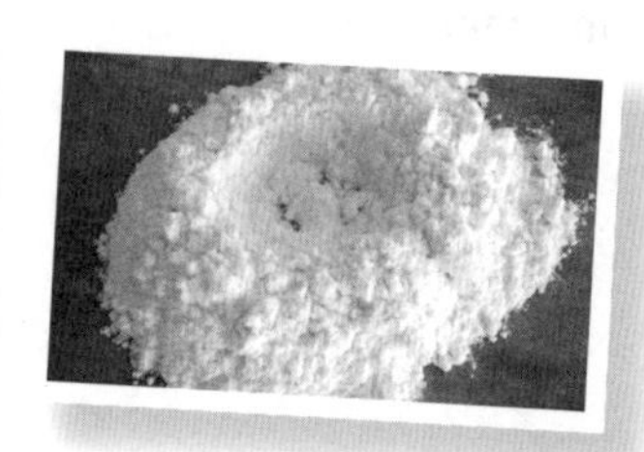

1 Indica quali prodotti rappresentano le immagini.

■ **chiedere e dire il prezzo di un prodotto**

2 Sei dal panettiere. Chiedi il prezzo della focaccia.

3 Un amico ti domanda quanto costa il latte nella tua città. Tu come rispondi?

Nella comunicazione scritta sono capace di ...

■ **esprimere le quantità e dire da chi acquisto alcuni prodotti**

4 Tu e i tuoi amici state organizzando un picnic. In un'email scrivi che cosa e quanto vuoi portare da mangiare e da chi vai per comprare queste cose.

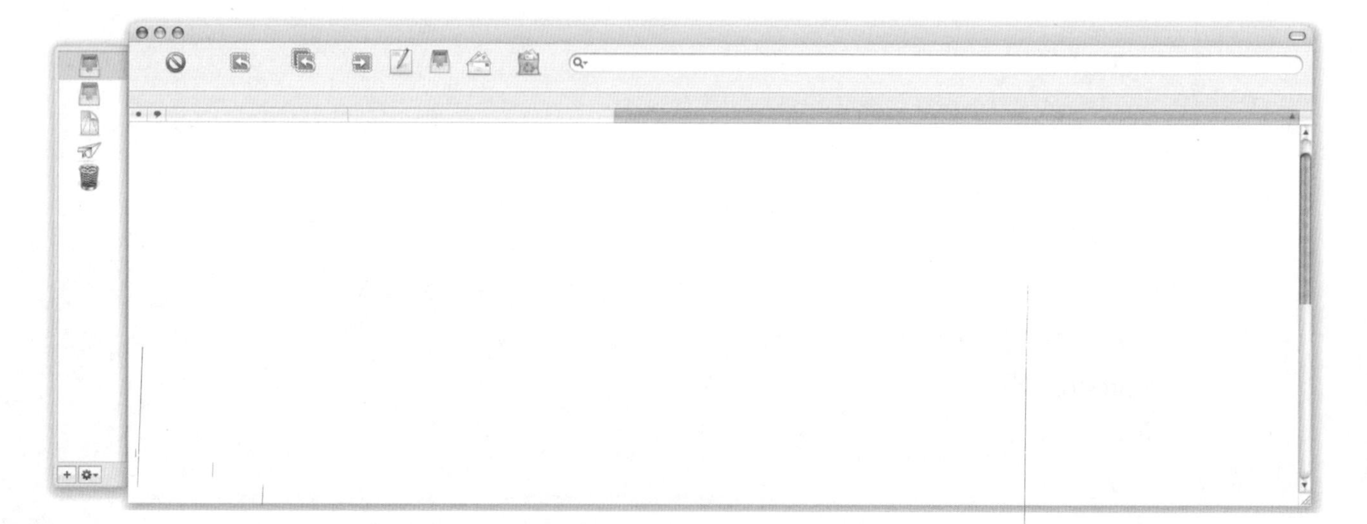

Unità 5 Buone feste!

Libro dello studente, pp. 64-65

1 (18) **Ascolta di nuovo il dialogo a pagina 64 del libro dello studente e metti in ordine le frasi. Dopo associa alle immagini quattro frasi.**

- [ ] **Alice:** Lui mangerebbe sempre dolci, per questo gli regalo un bel libro di ricette...
- [ ] **Teo:** Ragazze, non venite in giardino a fare il pupazzo con Lucilla?
- [ ] **Alice:** Questa con Babbo Natale in bicicletta è perfetta per Matteo, lui è molto sportivo!
- [ ] **Matilde:** Possiamo mandare gli auguri per le feste ai nostri amici!
- [1] **Alice:** Che belle cartoline ci sono in questa pagina web! Sono anche animate e musicali!
- [ ] **Alice:** Mi piacerebbe trovare sotto l'albero il biglietto del concerto di Caparezza!
- [ ] **Matilde:** E a Teo cosa regali?
- [ ] **Alice:** Io preferirei rimanere in casa, fuori fa troppo freddo. Tu, Matilde, vuoi uscire?

a ☐

b ☐

c ☐

d ☐

2 **Rileggi il dialogo a pagina 64 del libro dello studente e scegli l'informazione giusta.**

1 a ☐ Alice e Matilde comprano cartoline di auguri on line.
  b ☐ Alice e Matilde mandano cartoline di auguri on line.

2 a ☐ Babbo Natale è molto sportivo.
  b ☐ Matteo è molto sportivo.

3 a ☐ Matilde non sa cosa le regaleranno i genitori.
  b ☐ Matilde sa cosa le regaleranno i genitori.

4 a ☐ Alice ha il biglietto del concerto di Caparezza.
  b ☐ Alice vorrebbe andare al concerto di Caparezza.

5 a ☐ Alice regala a Teo un libro di ricette.
  b ☐ Alice regala a Teo tanti dolci.

6 a ☐ Teo resta in casa per bere una cioccolata calda.
  b ☐ Teo resta in casa perché in giardino fa freddo.

5 LESSICO

Libro dello studente, pp. 66-67

1 Qual è la festa? Scrivi il nome giusto.

1 LE-CAR-VA-NE ______________________

2 LEN-NO-SAN-VA-TI ______________________

3 SQUA-PA ______________________

4 LA-PUB-RE-STA-DEL-BLI-FE-CA ______________________

5 STA-NA-DEL-FE-DON-LA ______________________

6 SIL-SAN-STRO-VE ______________________

7 TA-LE-NA ______________________

8 FA-E-NIA-PI ______________________

2 Completa l'email che Dilbagh, un ragazzo indiano, scrive a un amico. Usa le parole dell'esercizio 1.

Ciao Anil,
che bello, sono cominciate le vacanze natalizie! Pensa, ci sono tre feste, una dopo l'altra: la prima è (1) ______________, il 25 dicembre; la seconda è (2) ________________ con i fuochi d'artificio e poi, il giorno dell' (3) ____________________, quando i bambini aspettano la calza piena di regali. In questo periodo, le persone si scambiano anche gli auguri.
Un giorno a scuola abbiamo parlato delle feste in Italia. Alcune sono diverse dalle nostre indiane: a (4) _________________ si fanno gli scherzi e si indossano le maschere. Il 14 febbraio si vedono dappertutto cuori rossi perché è (5) ______________________, la festa degli innamorati. L'8 marzo invece, (6) ____________________, si regalano mimose alle donne. Poi viene (7) ________________ quando si mangiano le uova di cioccolata e dentro si trova la sorpresa.
C'è un'altra festa importante, la (8) __________________, e allora si vedono tante bandiere tricolori.
Ora vado a giocare a tombola.
Ti saluto. Alla prossima.
Dilbagh

3 In quali feste dell'esercizio 2 si fanno gli auguri? Scrivi il nome della festa e gli auguri opportuni.

______________ ______________________________

______________ ______________________________

______________ ______________________________

4 Completa la tabella. Cosa si dice in Italia e nel tuo Paese...

	in Italia	nel tuo Paese
quando nasce un bambino		
quando qualcuno si sposa		
al compleanno di qualcuno		

1 **Unisci le domande alle risposte.**

1 ☐ Dopo pranzo facciamo una passeggiata, che ne pensate?
2 ☐ Sebastiano, porto la chitarra da Rita, che ne pensi?
3 ☐ Scartiamo i regali, che ne dite?
4 ☐ Quest'anno regaliamo gli sci a Lisa, che ne dici?

a Ottima idea, li aspetta da tanto!
b No, aspettiamo la mezzanotte!
c Benissimo, al ritorno giochiamo a tombola.
d Perfetto, così suoniamo e cantiamo.

2 (19) **Ascolta e completa i dialoghi.**

1 A ______________ con me a visitare i presepi?
B ______________, ma oggi non posso.

2 A Quale libro ______________ ricevere in regalo?
B ______________ avere il libro *I 100 grandi personaggi d'Italia* di Stefano Varanelli.

3 A Con chi ______________ passare una giornata speciale?
B La ______________ volentieri con il mio giocatore preferito.

4 A Ordiniamo le pizze? Tu come la ______________?
B Io la ______________ ai funghi.

5 A Cosa ______________ bere?
B ______________ volentieri una cioccolata calda.

6 A A chi ______________ questa cartolina d'auguri?
B La ______________ alla mia amica Luz.

3 **Cosa vorrebbe fare Paolo? Osserva il disegno e completa.**

Ho tanto da studiare perché domani c'è la verifica di matematica, ma ______________
____
____
____
____
____
____
____
____

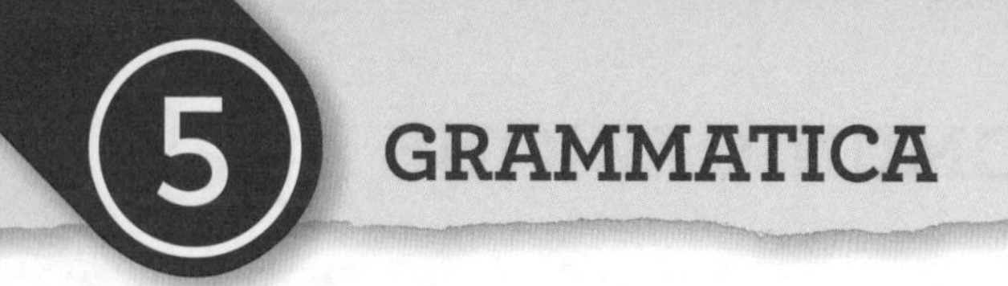

Libro dello studente, pp. 70-71

I pronomi diretti e indiretti atoni

1 Sottolinea il pronome indiretto giusto.

1 Andrea, mi/ti dai il tuo numero di cellulare?
2 Faccio una sorpresa ai miei genitori, le/gli preparo una torta!
3 Ada, dove ti/mi piacerebbe andare per San Silvestro?
4 Mamma e papà, vi/gli auguriamo un felice Natale!
5 Marco adora la musica, per questo le/gli regalo due CD.
6 Cinzia, le/ti posso chiedere un favore?

2 Abbina la domanda e la risposta, poi scrivi il verbo e il pronome indiretto.

1 Cosa regali a Clara per il suo compleanno?
2 Quando telefoni a tua sorella?
3 Ti piace il gelato allo yogurt?
4 Mamma, cosa ci prepari a merenda?
5 Cosa hai prestato a Mimmo?
6 Mamma, quale pizza ci prepari per cena?

a ☐ ________________ quando finisco.
b ☐ ________________ la pizza ai quattro formaggi. Vi piace?
c [1] Le regalo un biglietto per il concerto di Giorgia.
d ☐ ____________ il mio libro di scienze.
e ☐ Sì, ________ tantissimo. Ne vado pazzo!
f ☐ ______________ la cioccolata calda.

3 Completa le frasi con un pronome indiretto.

1 Faccio una sorpresa a mia sorella: _____ regalo una borsa!
2 Per Natale i miei genitori _____ hanno comprato una play station nuova!
3 Marco, che cosa _____ piacerebbe fare per le vacanze di Pasqua?
4 Per Carnevale nostra madre _____ ha fatto dei costumi bellissimi!
5 Sono andato da Mirko e Anna e _______ ho portato la tombola per Capodanno.

4 Indica se il pronome nella frase è diretto (Pd) o indiretto (Pi).

	Pd	Pi
1 Per Natale mi piacerebbe ricevere un computer.	☐	☐
2 Devo mandargli un biglietto di auguri.	☐	☐
3 Non guardo spesso la tv. La guardo solo all'ora di cena.	☐	☐
4 Nostra nonna ci prepara sempre la torta al cioccolato.	☐	☐
5 Adoro i film d'avventura e li guardo sempre con gli amici.	☐	☐
6 Teo, se sei libero ti vorrei invitare a cena.	☐	☐

5 Completa le risposte utilizzando un pronome diretto o indiretto.

1 Come spedisci gli auguri di Capodanno?
__________________________ con l'email.
2 A chi regalate questo libro di astronomia?
__________________________ a Eugenio.
3 Quando dobbiamo dare la ricerca di biologia?
________________________ tra due giorni.
4 Cosa mi hanno messo dietro la schiena?
______________________ un pesce d'aprile!
5 Chi presenti ai tuoi genitori?
____________________ il mio nuovo compagno di banco.
6 Quali stivali compri a tua sorella?
__________________________ quelli rossi.
7 Ragazzi, vi piace il torrone?
Sì, ________________ moltissimo, ne andiamo pazzi.
8 Che cosa avete portato a Marco e Giulio?
__________________________ il karaoke.

I verbi reciproci

6 Guarda le foto e completa le frasi.

guardarsi ▪ farsi regali ▪ telefonarsi ▪ abbracciarsi

1 Mauro e Lisa ________________ spesso negli occhi. Sono proprio innamorati!

2 Quando io e mio cugino ci incontriamo ________________ sempre.

3 Tu e Cristina ________________ tutti i giorni?

4 Io e i miei amici ________________ per Natale e i compleanni.

Il condizionale presente

7 (20) Ascolta i desideri di queste persone e scegli il regalo adatto a loro.

- ☐ videogiochi
- ☐ biglietti del cinema
- ☐ un vestito lungo
- ☐ una racchetta da tennis
- ☐ un paio di sci
- ☐ un gatto

8 Completa le frasi con i verbi del riquadro al condizionale.

piacere ▪ mangiare ▪ andare ▪ guardare ▪ dispiacere ▪ volere

1 Buongiorno, ________________ due chili di arance, per favore.
2 Ugo e Mario ________________ solo dolci! Che golosi!
3 Noi ________________ volentieri al parco, ma piove!
4 Elisa ________ sempre la tv. Adora i film!
5 Scusa, ti ________ ripetere? Non ho capito.
6 Mi ________ uscire, ma devo studiare.

Il pronome 'ne'

9 Scrivi sul quaderno chi o che cosa sostituisce il pronome 'ne'.

1 Questi pantaloni sono molto eleganti... Tu che ne dici?
ne = di questa mia idea
2 Adoro le arance, ne mangio tante ogni giorno.
3 La mia famiglia è lontana e a volte ne sento la nostalgia.
4 Questa sera c'è il concerto di Jennifer Lopez a Roma. Ne parlano tutti i giornali.
5 Secondo me il pullmino della scuola non è ancora passato ma non ne sono sicuro.
6 Vorrei dell'acqua. Ne posso prendere un bicchiere?

Libro dello studente, pp. 72-73

Ascoltare

1 (21) **Ascolta e abbina le registrazioni alle cartoline.**

A ☐

C ☐

B ☐

D ☐

Leggere

2 **Leggi il testo e rispondi alle domande.**

Una festa americana: Halloween

Halloween è una festa di origine irlandese che si celebra la notte del 31 ottobre principalmente negli Stati Uniti, in Canada e nel Nord Europa, ma oggi è diffusa anche in altri Paesi, compresa l'Italia. La leggenda racconta di streghe e scheletri che si alzano dalle loro tombe per fare festa. I bambini, per allontanare gli spiriti e la paura, indossano costumi di mostri e fantasmi, girano per le case del quartiere e bussano alle porte dicendo: "Dolcetto o scherzetto?" Che significa: "dovete darci un dolce oppure vi facciamo uno scherzo". Inoltre, in tutte le case ci sono delle zucche vuote con occhi, naso e bocca e una candela dentro la zucca per illuminare le notti buie e allontanare gli spiriti. La festa di Halloween assomiglia molto al Carnevale perché le persone si mascherano, si fanno scherzi e si divertono molto.

1 Dove è nata la festa di Halloween?

____

2 Quando si festeggia?

____

3 Come si vestono i bambini per questa festa?

____

4 Che cosa fanno i bambini nella notte di Halloween?

____

5 Perché nelle case ci sono delle zucche vuote?

____

6 Perché la festa di Halloween è simile al Carnevale?

____

Scrivere

3 **Racconta una festa del tuo Paese.**

____

____

____

____

____

Sei alla fine dell'Unità 5. Che cosa sai fare?

Nella comunicazione orale sono capace di ...

■ chiedere un'opinione

1 Hai appena comprato questi oggetti.
Chiedi un parere al tuo compagno di banco.

■ fare gli auguri

2 Di' quali auguri si possono fare in queste feste.

■ chiedere ed esprimere un desiderio

3 Chiedi al tuo compagno di banco come gli piacerebbe passare le vacanze estive.

4 Racconta che cosa ti piacerebbe fare il prossimo fine settimana.

Nella comunicazione scritta sono capace di ...

■ rispondere agli auguri

5 Riascolta la traccia 21 di pagina 42 e rispondi sul tuo quaderno alle cartoline di auguri.

■ raccontare una festa italiana

6 Hai festeggiato Natale con un tuo amico italiano. Scrivi un'email e racconta come avete trascorso questo giorno di festa.

Unità 6

La settimana bianca

Libro dello studente, pp. 76-77

1 (22) **Ascolta di nuovo il dialogo a pagina 76 del libro dello studente e completa le frasi. Dopo associale alle immagini.**

a ☐ b ☐ c ☐

d ☐ e ☐ f ☐

1 **Mamma:** Alice, ma ________________ sei al telefono? Vieni qui! Io e papà abbiamo una sorpresa!
Alice: Arrivo mamma!
Teo: Quando Alice è al telefono con Silvia parla ________________...

2 **Mamma:** Va bene ragazzi! Ho una bella notizia: sabato partiamo per Cervinia! Andiamo a fare la ________________.
Papà: Abbiamo prenotato due camere! Le abbiamo trovate in offerta in un piccolo ____________.

3 **Alice:** Io invece ci sono già andata in gita con la scuola due anni fa! È ________________ e poi non so ________________!

4 **Mamma:** Ma Alice, la montagna offre mille alternative: puoi fare ________________ o sci di fondo, oppure puoi andare in escursione a vedere i ________________ e gli scoiattoli...

5 **Teo:** Io invece non sono ancora sceso lungo la ________________, se faccio pratica per una settimana forse questa volta posso provare.

6 **Alice:** Portiamo anche Mirimì?
Papà: No, forse è meglio se Mirimì rimane ________________ con i nonni.

1 **Leggi le definizioni e completa il cruciverba.**

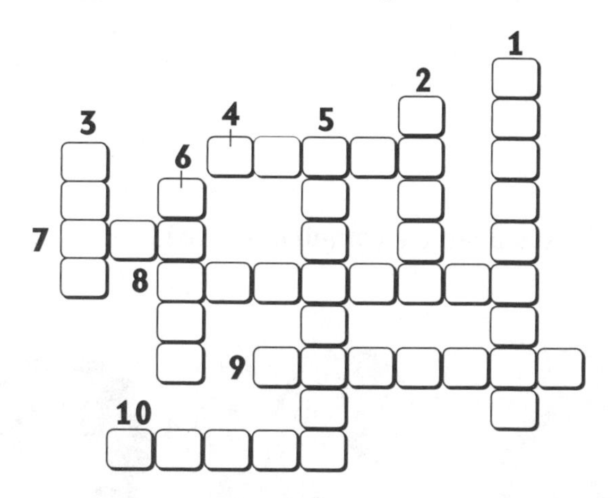

Verticali

1 È formata da tanti seggiolini e trasporta gli sciatori in cima alla montagna.

2 

3 È un animale grosso, bianco, grigio o nero e può vivere anche al Polo Nord.

5 Le sue basi sono a forma di sci e porta le persone sulla neve.

6 Teo vuole scendere da quella 'rossa'.

Orizzontali

4 

7 Sono due, si mettono sotto gli scarponi e servono per scivolare sulla neve.

8 È una strada stretta in campagna o in montagna. Ci camminano solo persone e animali.

9 È una casa che si trova in montagna. Gli escursionisti si fermano per mangiare e riposarsi.

10 È un animale che vive in montagna e ha grosse corna.

2 **Guarda i disegni e poi leggi i testi. Sottolinea le parole-chiave che descrivono ogni disegno e dopo, con queste parole, scrivi delle frasi sul tuo quaderno.**

1 In camera sua, Ada ha una foto di una vacanza in montagna, a Canazei, con la sua famiglia. Sono vicini a un rifugio.

2 I ragazzi fanno un'escursione su un sentiero di montagna. Hanno zaini e scarponi.

3 Maria e Gianni si divertono con lo slittino. Portano la maschera per proteggersi dal vento, i guanti e naturalmente gli scarponi da sci.

4 Anna e Maurizio portano gli sci e i bastoncini mentre aspettano di risalire con la seggiovia. Indossano le tute da sci e i cappelli perché fa molto freddo.

1 (23) Ascolta il brano. Segna le cose che Enrica ha già fatto e quelle che deve ancora fare. Poi scrivi delle frasi.

Fare gli auguri a Clara ______
⊖ Comprare la maschera da sci — Enrica non ha ancora comprato la maschera da sci.
✓ Fare la valigia — Enrica ha già fatto la valigia.
Prendere i biglietti ______
Salutare gli amici ______
Telefonare all'istruttore di sci ______
Prenotare la camera ______
Comprare un regalo a Clara ______

2 Abbina le domande alle risposte.

1 ☐ Sei mai andato a sciare?
2 ☐ Non siamo mai andati a cavallo e tu?
3 ☐ Ragazzi, avete mai provato a pattinare?
4 ☐ Io non ho mai preso la funivia, e Lei professore?
5 ☐ Cecilia, hai mai preso lezioni di sci?
6 ☐ Mamma, sei mai salita su uno slittino?

a Io no, mai, ma Nanni e Fabio sono dei bravi pattinatori.
b Io sì. Quando vado a Cervinia la prendo spesso.
c Certo, da piccola! Adesso avrei un po' paura a salirci.
d No, non le ho mai prese. Non mi piace sciare.
e Sì, ci vado tutti gli anni a gennaio.
f Io sì, prendo lezione di equitazione da 4 anni!

3 Guarda le immagini e scrivi le domande dei dialoghi.

1

- Ciao Bea!
- Ciao Pino! ______ ______?
- Sono appena arrivato e ci resto per una settimana.

3

- Carlo, ______ ______?
- Posso navigare gratis per due ore.

2

- Sono stanco! ______ ______?
- Da un'ora e mezza. Adesso facciamo una pausa.

4

- Chiara, come sei brava! ______ ______?
- Da sei anni.

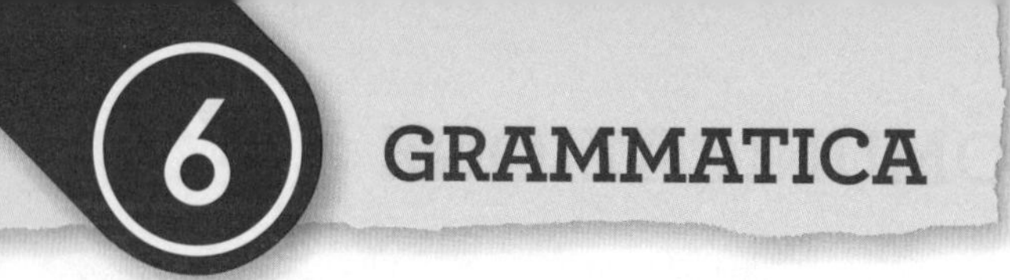

Libro dello studente, pp. 82-83

Il passato prossimo dei verbi riflessivi

1 Completa le frasi con il pronome riflessivo e la desinenza giusti.

1 Milena ___ è truccat___ come sempre.
2 Ragazzi, ___ siete vestit___?
3 Io ___ sono mess___ la gonna rossa.
4 ___ siamo fermat___ poco al rifugio.
5 Mimma, ___ sei riposat___ in vacanza?
6 L'orso ___ è addormentat___.
7 Le funivie ___ sono già moss___.
8 Mara e Tina, ___ siete preparat___?
9 Antonio ___ è svegliat___ presto.
10 Gli escursionisti ___ sono stancat___ molto.

2 Leggi cosa scrive Massimo. Dopo sottolinea i verbi riflessivi.

VITA IN MONTAGNA

Sciare | Diario | Eventi | Notizie

Da due settimane lavoro in un rifugio. La mattina mi alzo presto, mi faccio la barba, mi lavo, mi vesto e vado in cucina a preparare la colazione per me e per gli ospiti. Con me lavorano altre persone. Dopo la colazione, ci dividiamo i compiti e cominciamo a mettere in ordine, a pulire ecc. Ci stanchiamo molto ma la sera, prima di dormire, ci rilassiamo un po' chiacchierando o giocando a carte. Poi ci auguriamo la buona notte e andiamo a letto.

HOME

3 Rileggi il brano e riscrivilo al passato prossimo. Comincia così:

Da due settimane lavoro in un rifugio. Anche oggi mi sono alzato presto...

____
____
____
____

4 Completa le frasi scegliendo il verbo giusto.

1 William, dove (trovare/trovarsi) ______________ il rifugio?
2 Siamo stati a Siena un mese e (trovare/trovarsi) ______________ bene.
3 Appena sono arrivato in classe (presentare/presentarsi) ______________.
4 L'insegnante (presentare/presentarsi) ______________ uno studente nuovo alla classe.
5 Anche quest'anno i miei genitori (iscrivere/iscriversi) ______________ me e mia sorella in palestra.
6 (iscrivere/iscriversi) ______________ anche voi al corso di canoa?
7 Ugo (mettere/mettersi) ______________ gli scarponi in valigia.
8 Malika, perché non (mettere/mettersi) ______________ il maglione pesante?

Participi passati irregolari IV

5 Risolvi il cruciverba con i participi passati.

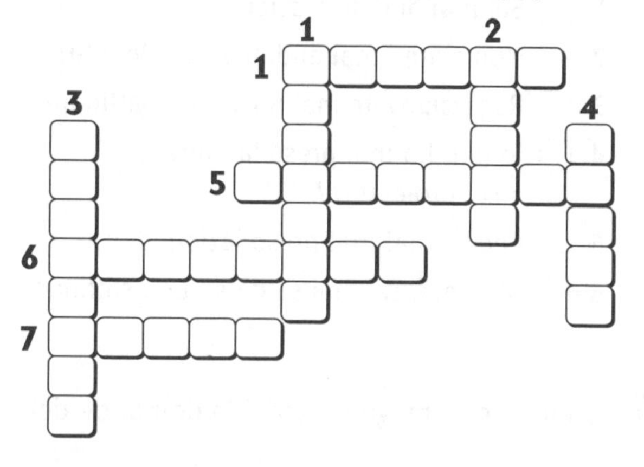

Orizzontali

1 Il contrario di moltiplicato.
5 Il participio passato di discutere.
6 Se non è sbagliato è...
7 Venuto giù.

Verticali

1 È anche un quadro.
2 Sospeso senza ... so.
3 Il participio passato di nascondere.
4 Se non è crudo è...

6 **Completa le frasi con i verbi dell'esercizio 5 coniugati al passato prossimo.**

1 Gli scoiattoli ________________ il cibo sotto l'albero.
2 Il professore ________________ i compiti di italiano.
3 In vacanza io e mia sorella ________________ molti soldi.
4 (Tu) ________________ di questo problema con tua moglie?
5 Teo non ________________ ancora lungo la pista rossa.
6 Il pizzaiolo ________________ le pizze nel forno.
7 Voi ________________ molti quadri.
8 (Noi) ________________ la pizza in quattro parti.

7 **Completa il racconto con i verbi del riquadro al passato prossimo.**

tornare ▪ accompagnare ▪ decidere ▪ pranzare ▪ partire ▪ imparare ▪ fare ▪ giocare ▪ continuare ▪ alzarsi ▪ rispondere ▪ sentirsi ▪ divertirsi ▪ vedere

La settimana scorsa il professore di scienze ________________ gli alunni della II B in gita in montagna. Poiché ________________ con l'autobus alle 7.00, ________________ abbastanza presto. Prima della partenza ________________ colazione tutti insieme al bar della piazza. Durante il viaggio Fatima ________________ male e il professore ________________ di fare una sosta. Il viaggio, poi, ________________ senza altri problemi. In montagna i ragazzi ________________ per la prima volta piante e animali sconosciuti. Il professore ________________ alle domande dei suoi studenti che ________________ molte cose interessanti.

________________ in un rifugio e ________________ con la neve. ________________ molto e, stanchi ma felici, ________________ a casa.

Il passato prossimo con i pronomi diretti

8 **Abbina la domanda alla risposta.**

1 ☐ Dove avete passato la settimana bianca?
2 ☐ Avete già prenotato l'hotel?
3 ☐ Hai preso gli occhiali da sole?
4 ☐ Hai messo le valigie in macchina?
5 ☐ Perché non avete indossato le ciaspole?
6 ☐ Hai mai visto gli orsi?

a Sì, li ho messi nello zaino.
b Sì, le ho portate poco fa.
c Perché non le abbiamo viste.
d No, non li ho mai visti.
e L'abbiamo passata in Val Gardena.
f No, non lo abbiamo ancora prenotato.

9 **Riscrivi le frasi, sostituendo le parole ripetute con i pronomi diretti.**

1 La gattina Mirimì non è qui con noi perché abbiamo lasciato la gattina Mirimì a casa.
La gattina Mirimì non è qui con noi perché l'abbiamo lasciata a casa.

2 Sono bravo nello sci di fondo. Ho provato la prima volta lo sci di fondo a sei anni.
________________.

3 Carla ha comprato le ciaspole nuove ma non ha ancora provato le ciaspole.
________________.

4 Mi piacciono gli sport invernali. Ho sempre amato gli sport invernali.
________________.

10 **Sottolinea la preposizione giusta.**

1 Melissa abita a Como *per / dal / da* 2009.
2 Gli escursionisti camminano ogni giorno *per / dalle / da* quattro ore.
3 Hai studiato italiano *per / dai / da* molti mesi?
4 Prima delle vacanze invernali sulla neve fa' esercizi *per / da / dai* 40 minuti al giorno.
5 Siamo a Cortina *per / dai / da* primi giorni di dicembre.
6 Siete in pista *per / dalle / da* otto?

Ascoltare

1 (24) **Ascolta l'intervista e scegli la risposta giusta.**

		V	F
1	Giorgio fa il maestro di sci.	☐	☐
2	Lavora tutto l'anno.	☐	☐
3	Va in vacanza per cinque o sei mesi.	☐	☐
4	Ha cominciato a sciare a venti anni.	☐	☐
5	Giorgio insegna a persone di tutte le età.	☐	☐
6	Per Giorgio il maestro di sci è una professione noiosa.	☐	☐

2 (24) **Riascolta l'intervista e completa il riassunto.**

Giorgio ha __________ anni e di professione fa il ____________ di sci. Lavora specialmente in ___________ ma in __________ lavora nelle scuole estive e poi va in ________________. Oltre a fare il maestro, Giorgio fa la ________________ per le escursioni in montagna. Giorgio scia da ____________ anni e da __________ fa l'insegnante. È una professione che gli __________ molto perché è sempre a contatto con la __________ e conosce sempre __________ nuove. E non __________ mai!

Scrivere

3 **Stai facendo la settimana bianca a Livigno. Scrivi un'email al tuo amico Ulisse e invitalo a passare qualche giorno in montagna con te. Racconta tutte le attività che potete fare insieme.**

Ciao Ulisse,

Leggere

4 **Leggi il testo e indica la risposta giusta.**

BENVENUTI A
NEVELANDIA!

Vicino a Sappada, un accogliente centro turistico sulle Dolomiti, si trova Nevelandia, il parco divertimenti sulla neve più grande d'Italia. In questo parco, grandi e piccini possono giocare e divertirsi sulle piste facendo lo *snowtubing*, la divertentissima discesa con i gommoni.

Vieni e prova:
- le piste per bob e slittini;
- il pattinaggio di Nevelandia a ritmo di musica;
- i giochi gonfiabili e le giostre per bambini;
- il divertente Nevelandia Village, un villaggio gonfiabile con simpatici animatori sempre a tua disposizione;
- un fornitissimo ristorante per un pranzo veloce o una merenda!

I giochi sono collegati tra loro tramite magici *tapis roulant* e i trenini della neve ti portano direttamente alle piste così anche i più pigri possono divertirsi senza il minimo sforzo!

Nevelandia è l'ideale per te, i tuoi amici e la tua famiglia!

Apertura: tutti i giorni, dall'8 dicembre al 15 marzo dalle ore 9.00 alle 16.00

informazioni:
www.nevelandia.it

1 Nevelandia è:
a ☐ un parco acquatico.
b ☐ un parco giochi invernale.
c ☐ un parco per fare campeggio.

2 Se vuoi fare lo *snowtubing* devi:
a ☐ utilizzare lo slittino.
b ☐ pattinare.
c ☐ usare un gommone.

3 Che cosa si può fare a Nevelandia?
a ☐ sciare, pattinare e giocare con i giochi gonfiabili.
b ☐ giocare con gli animatori, usare gli slittini e nuotare.
c ☐ pattinare con la musica, fare *snowtubing* e andare a cavallo.

4 Che cosa offre il ristorante di Nevelandia?
a ☐ pasti pronti a tutte le ore.
b ☐ pasti veloci e spuntini.
c ☐ solo bevande calde.

5 I trenini della neve:
a ☐ portano in giro i bambini pigri.
b ☐ collegano le piste ai giochi.
c ☐ riportano a casa i bambini stanchi.

6 Nevelandia è aperto:
a ☐ per circa tre mesi all'anno.
b ☐ ogni giorno per dieci ore.
c ☐ tutto l'anno ma non in estate.

Competenza linguistica

5 Leggi e completa con le parole del riquadro.

ha ▪ posizione ▪ per ▪ panorama ▪ di mattina ▪ ai paesi ▪ si trova ▪ interessanti ▪ di ▪ ci

Questo fine settimana, siamo stati inTrentino (1) ______ quattro giorni. L'hotel che abbiamo prenotato (2) ______ al centro del paese, in una (3) ______ bellissima e proprio di fronte alla cima del monte. (4) ______ siamo trovati molto bene. L'albergo per noi è stato il punto di partenza, (5) ______, per le escursioni nei boschi e, di pomeriggio, per le visite (6) ______ vicini. L'ultimo giorno abbiamo fatto anche una scalata che ci (7) ______ permesso di ammirare il meraviglioso (8) ______ della zona. Sappiamo che ci sono ancora molte cose (9) ______ da vedere e da fare, anche per i più piccoli; per questo pensiamo (10) ______ ritornarci.

Sei alla fine dell'Unità 6. Che cosa sai fare?

Nella comunicazione orale sono capace di ...

■ chiedere e dire se si è mai fatto qualcosa

1 Telefoni a un tuo amico. Lo inviti a fare *snowtubing* e *snowboard* e gli chiedi se ha mai fatto queste cose.

2 Il tuo amico ti chiede se hai mai fatto sci di fondo. Tu rispondi.

■ esprimere la durata di un'azione

3 Di' da quanto tempo: conosci il tuo compagno di banco, studi nella tua scuola, pratichi uno sport.

4 Di' per quanto tempo ieri: hai dormito, hai studiato, hai guardato la tv.

■ chiedere e dire se si è già fatta una cosa

5 Inviti il tuo compagno di banco al cinema. Gli chiedi se ha già visto il film.

6 Il tuo compagno ti chiede se hai già consegnato la ricerca di scienze. Rispondi di no.

Nella comunicazione scritta sono capace di ...

■ descrivere una vacanza

7 Racconta dove, come e con chi vorresti passare la tua vacanza ideale.

Unità 7 Carnevale

Libro dello studente, pp. 90-91

1 (25) **Ascolta di nuovo il dialogo di pagina 90 del libro dello studente, completa le frasi e poi abbinale all'immagine corrispondente.**

a ☐

b ☐

c ☐

d ☐

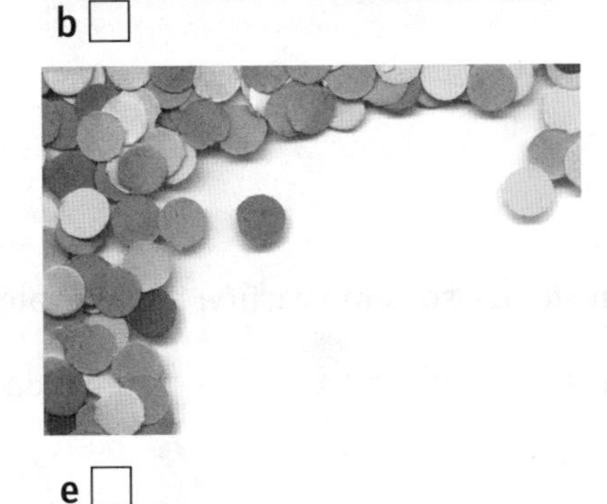

e ☐

f ☐

1 **Alice:** Che sfilata magnifica! Abbiamo fatto bene a venire a Viareggio per il ______________.
Damiano: Hai ragione, piace tanto anche a ______________! Ma perché Irene non è venuta?

2 **Matilde:** Ha le prove generali per lo ______________ e quindi non è potuta venire.
Damiano: Mi dispiace! Però andiamo a vederla ______________, vero?
È davvero brava sul ______________!
Alice: Sicuramente! Ha già riservato sei posti per noi, bisogna solo ritirare i biglietti al ______________.
Rafael: A me, generalmente, non interessano le ______________. Vengo solo per vedere Irene.
L'anno scorso purtroppo non sono potuto andare, ma quest'anno non voglio mancare ______________!

3 **Silvia:** Sta per arrivare il ______________ di Burlamacco.
Teo: È fantastico! Alice, scatta una ______________!

4 **Alice:** Certo, e dopo ne faccio una a te! Sei così buffo con questa ______________.
Damiano: Buffo? A me invece ______________ davvero perfetto nei panni di ______________.

5 **Alice:** E io come vi sembro vestita da ______________?
Damiano: Anche tu, niente male! Comunque, qui basta guardarsi un po' intorno e si rimane a bocca aperta! I ______________ sono tutti uno più bello dell'altro!

6 **Matilde:** Ehi... Ma chi mi ha tirato tutti questi ______________ sui capelli?
Rafael: Sono stato io! A Carnevale ogni ______________ vale!

1 **Nel cruciverba scrivi il nome degli oggetti rappresentati nei disegni.**

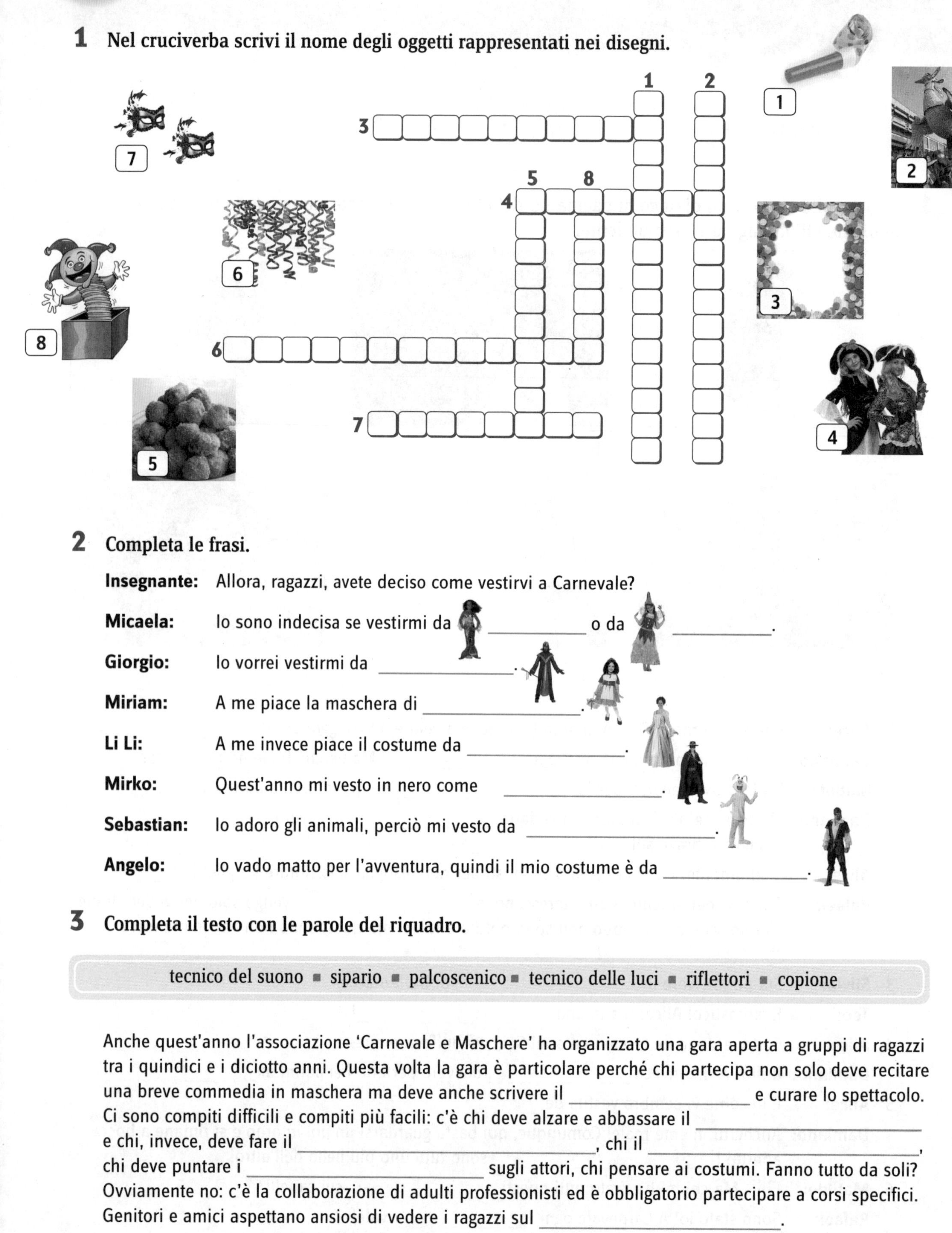

2 **Completa le frasi.**

Insegnante: Allora, ragazzi, avete deciso come vestirvi a Carnevale?

Micaela: Io sono indecisa se vestirmi da __________ o da __________.

Giorgio: Io vorrei vestirmi da __________.

Miriam: A me piace la maschera di __________.

Li Li: A me invece piace il costume da __________.

Mirko: Quest'anno mi vesto in nero come __________.

Sebastian: Io adoro gli animali, perciò mi vesto da __________.

Angelo: Io vado matto per l'avventura, quindi il mio costume è da __________.

3 **Completa il testo con le parole del riquadro.**

tecnico del suono ▪ sipario ▪ palcoscenico ▪ tecnico delle luci ▪ riflettori ▪ copione

Anche quest'anno l'associazione 'Carnevale e Maschere' ha organizzato una gara aperta a gruppi di ragazzi tra i quindici e i diciotto anni. Questa volta la gara è particolare perché chi partecipa non solo deve recitare una breve commedia in maschera ma deve anche scrivere il __________ e curare lo spettacolo. Ci sono compiti difficili e compiti più facili: c'è chi deve alzare e abbassare il __________ e chi, invece, deve fare il __________, chi il __________, chi deve puntare i __________ sugli attori, chi pensare ai costumi. Fanno tutto da soli? Ovviamente no: c'è la collaborazione di adulti professionisti ed è obbligatorio partecipare a corsi specifici. Genitori e amici aspettano ansiosi di vedere i ragazzi sul __________.

1 Abbina le domande alle risposte.

1 ☐ Le maschere moderne non sono per niente belle, che ne dici?
2 ☐ Mi sono piaciuti i carri allegorici di quest'anno. E a te?
3 ☐ A noi piacciono molto i musical. E a voi?
4 ☐ Il copione di questa commedia non è un granché, vero?

a Hai ragione. Non piace neanche a me.
b A noi non piacciono per niente.
c Non sono d'accordo. A me piacciono molto anche quelle moderne.
d Anche a me, li ho trovati molto divertenti.

2 Metti in ordine le frasi.

1 allegorici / A / divertenti. / carri / Simone / i / sembrano
_______________.
2 è / commedia? / vi / Come / la / sembrata
_______________.
3 ottima / un' / scuola. / teatro / sembra / idea. / Fare / a / ci
_______________.
4 i / buffi. / genitori / Ai / sembrano / miei / costumi / vostri
_______________.
5 di / sembra / Il / interessante. / anno / cartellone / quest' / mi
_______________.
6 ti / maschera? / Come / la / sembra / mia
_______________.

4 Completa la locandina con le espressioni del riquadro. Sono possibili più soluzioni.

è necessario ▪ è sufficiente ▪ bastano ▪ deve ▪ sono necessarie ▪ bisogna ▪ occorre ▪ servono ▪ è necessaria

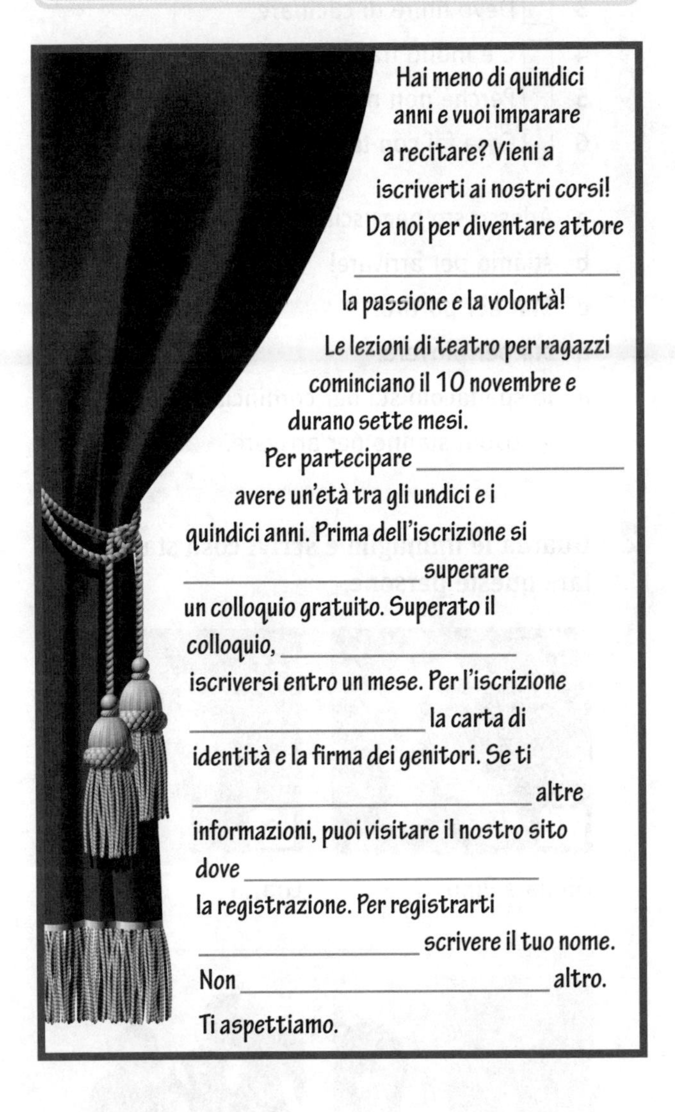
Hai meno di quindici anni e vuoi imparare a recitare? Vieni a iscriverti ai nostri corsi! Da noi per diventare attore _______________ la passione e la volontà! Le lezioni di teatro per ragazzi cominciano il 10 novembre e durano sette mesi. Per partecipare _______________ avere un'età tra gli undici e i quindici anni. Prima dell'iscrizione si _______________ superare un colloquio gratuito. Superato il colloquio, _______________ iscriversi entro un mese. Per l'iscrizione _______________ la carta di identità e la firma dei genitori. Se ti _______________ altre informazioni, puoi visitare il nostro sito dove _______________ la registrazione. Per registrarti _______________ scrivere il tuo nome. Non _______________ altro. Ti aspettiamo.

3 Abbina le due parti delle frasi.

1 ☐ La compagnia teatrale 'La vela'
2 ☐ Alla fine della rappresentazione
3 ☐ Il costo dell'abbonamento
4 ☐ Domani cominciano i provini
5 ☐ Oggi presentano il programma
6 ☐ Quell'attore recita benissimo sia

a per la selezione degli attori.
b in ruoli tragici che comici.
c ci sono stati applausi lunghissimi.
d ha messo in scena una commedia di Pirandello.
e è aumentato di cinque euro.
f della prossima stagione teatrale.

Libro dello studente, pp. 96-97

'Stare per' + infinito

1 Unisci le frasi nel modo giusto.

1 ☐ Spegniamo subito il cellulare,
2 ☐ Prendi l'ombrello perché
3 ☐ Devo finire di cucinare,
4 ☐ C'è molto traffico ma
5 ☐ Perché non ne parliamo domani?
6 ☐ Cosa fai con tutte quelle valigie?

a Adesso sto per uscire.
b stiamo per arrivare!
c Stai per partire?
d sta per piovere.
e lo spettacolo sta per cominciare!
f gli ospiti stanno per arrivare.

2 Guarda le immagini e scrivi cosa stanno per fare queste persone.

Giulia e Pino
____

Grazia
____

Sandro
____

Nando e Lino
____

Fabio
____

Grazia
____

Gli avverbi

3 Forma gli avverbi da questi aggettivi.

1 Difficile ______________________
2 Raro ______________________
3 Elegante ______________________
4 Tranquillo ______________________
5 Regolare ______________________
6 Rapido ______________________

4 Completa le frasi con gli avverbi dell'esercizio 3.

1 Mangio ______________________ le uova, non mi piacciono molto.
2 Ho dormito ______________________ tutta la notte.
3 Il treno Freccia Rossa collega ____________ molte città in Italia.
4 La professoressa di arte si veste sempre ______________________.
5 Che teorema complicato! Sono riuscito a risolverlo ______________.
6 Maria è in forma perfetta perché fa ________________ sport.

5 Completa con la desinenza dell'aggettivo o con il suffisso dell'avverbio.

1 Professore, questo esercizio è corrett______?
2 Bravi! Avete svolto la verifica corrett______!
3 Lucia, puoi parlare più lent____________? Non ti capisco.
4 Questo computer è troppo lent__________. Forse c'è un virus.
5 Queste caramelle sono prodotte industrial_________.
6 L'aceto balsamico non è un prodotto industrial_________.
7 Il compito in classe è stato davvero facil___________!
8 Grazie alle tue indicazioni ho trovato facil____________ casa tua.

I pronomi

6 Completa le frasi con i pronomi tonici.

1 Per la commedia scegliete ____! Sono l'attore giusto per ____.
2 Monica, mi dispiace ma non posso venire al museo con ____.
3 Se hai bisogno di ____ puoi chiamarmi a qualunque ora.
4 Ragazzi, dico a ____! Un po' di attenzione, per favore.
5 Andiamo a vedere *Romeo e Giulietta*. Vieni con ____?
6 Ho studiato con Pia e Nando e grazie a ____ ho preso un bel voto.

7 Pronomi atoni o tonici? Sottolinea l'alternativa corretta.

1 *A me/Mi* questa commedia non è piaciuta e *ti/a te*?
2 Questo spettacolo non *ci/a noi* sembra molto interessante.
3 Secondo *gli/loro* Teo è perfetto per il ruolo di Amleto.
4 Chi stai salutando? *Noi/ci* oppure *li/loro*?
5 Quando vedi Stefano, *gli/a lui* dici se può chiamarmi?
6 Questo è un regalo per *la/lei*.

8 Cancella le ripetizioni e, sul quaderno, riscrivi il testo utilizzando i pronomi diretti o indiretti, atoni o tonici.

Alice e i suoi amici sono al Carnevale di Viareggio per vedere la sfilata dei carri ma non riescono a vedere la sfilata bene perché c'è molta gente. Irene non è andata con Alice e gli amici perché ha le prove per uno spettacolo teatrale. Irene ha invitato Alice e gli amici allo spettacolo. È davvero una brava attrice e a Irene piace moltissimo recitare. A Rafael non interessa molto il teatro ma ci va solo per Irene. Irene ha offerto i biglietti ai suoi amici e ha lasciato i biglietti al botteghino. Alice fa le foto ai carri e scatta le foto anche alle maschere, che sono bellissime. A Damiano piacciono i costumi di Teo e Alice. A Damiano sembrano proprio perfetti.

Il passato prossimo dei verbi servili

9 Completa le frasi.

1 Lia ___ volut___ uscire da teatro alla fine del primo atto.
2 Loredana e Lia non _______ potut___ venire alla sfilata del Carnevale.
3 I miei genitori _______ volut___ riposare un po' dopo il viaggio.
4 Stamattina ______ dovut___ accompagnare mia sorella più piccola a scuola.
5 Io e mio fratello non ________ potut___ venire al cinema con voi ieri perché ______ dovut___ pulire la nostra stanza!
6 Per Carnevale io ___ volut___ partecipare alla sfilata di Viareggio e mi sono mascherato da vampiro.
7 Elena, ieri ___ dovut___ tornare a casa a piedi?
8 Ragazzi, _____ potut___ andare alla festa di Lisa?

Competenza linguistica

10 Completa il testo con le forme giuste degli aggettivi.

I dolci (tipico) (1) __________ del Carnevale prendono nomi (diverso) (2) __________ a seconda delle regioni d'Italia ma hanno come caratteristica (comune) (3) __________ il fatto che sono (fritto) (4) __________. Le chiacchiere si fanno un po' in tutta Italia. Gli ingredienti (principale) (5) __________ sono sempre: uova, farina, zucchero a velo e olio di semi. Tipici della tradizione (napoletano) (6) __________ e diffusi anche nel Centro Italia sono gli struffoli. Si fanno con: miele, uova, farina, zucchero e anice mentre quelli (diffuso) (7) __________ in Italia centrale sono più (simile) (8) __________ a delle (grande) (9) __________ frittelle con il miele.

Libro dello studente, pp. 98-99

Ascoltare

1 (26) **Ascolta il dialogo e completa la tabella.**

	Il mago di Oz	La gabbianella e il gatto	Il giro del mondo in 80 giorni	Alice nel paese delle meraviglie
1 È un musical.				
2 La protagonista si chiama Dorothy.				
3 È in cartellone al Teatro Manzoni.				
4 Si ritrova in un mondo sotterraneo.				
5 Fortunata è un animale.				
6 La storia si svolge nel XIX secolo.				

2 (26) **Riascolta il dialogo e rispondi alle domande.**

1 A chi non piacciono i musical?

___

2 Come si chiamano i protagonisti di *La gabbianella e il gatto*?

___

3 Di che cosa parla *Il giro del mondo in 80 giorni*?

___

4 Quale spettacolo decidono di andare a vedere i ragazzi?

___

Leggere

3 **Leggi il testo e completa le due griglie.**

Il Fantasma dell'Opera

È uno dei musical più conosciuti e amati dal pubblico che segue questo genere di spettacolo. Scritto da A.L. Webber (libretto), R. Stilgoe (libretto e testi aggiuntivi) e C. Hart (libretto e testi delle canzoni) è ispirato all'omonimo romanzo di G. Leroux. Racconta l'amore disperato di Erik, un geniale musicista dal volto sfigurato che vive nei sotterranei dell'Opéra di Parigi, per la giovane soprano Christine, innamorata però del visconte Raoul. Durante una festa in maschera per celebrare la nuova stagione teatrale, compare il musicista-fantasma che annuncia di avere scritto la sua nuova opera e vuole Christine come protagonista. Al rifiuto della cantante, il fantasma rapisce lei e Raoul e pone la ragazza di fronte a un terribile dilemma: se lei non accetta il suo amore lui ucciderà Raoul. Christine sceglie di sacrificarsi ma il fantasma si pente e li lascia liberi. Il musical è andato in scena per la prima volta al Teatro Her Majesty's di Londra nel 1986 e nel 2010 la compagnia teatrale ha festeggiato le diecimila repliche dello spettacolo.

Lingua originale: *inglese*
Paese: ______
Anno: ______
Genere: ______
Soggetto di: ______
Testi musicali: ______
Tratto da: ______

Descrivi i personaggi principali.

Erik: ______
______
______

Christine: ______
______
______

Raoul: ______
______
______

Scrivere

4 **Quali spettacoli teatrali descritti negli esercizi 1 e 3 ti piacerebbe vedere? Perché? Quali invece non ti interessano?**

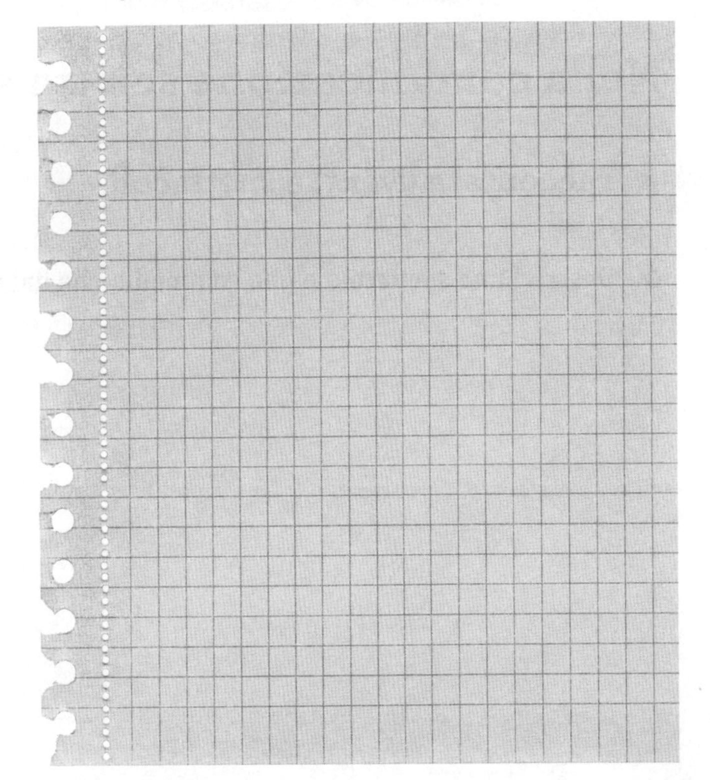

Sei alla fine dell'Unità 7. Che cosa sai fare?

Nella comunicazione orale sono capace di ...

■ chiedere ed esprimere opinioni

1 Chiedi a un tuo amico la sua opinione su: le scarpe nuove che hai appena comprato; il nuovo professore di ginnastica; la maglia che hai indossato.

2 Esprimi un'opinione su: l'ultimo film che hai visto; le ultime vacanze che hai trascorso; il dolce che hai appena mangiato.

■ esprimere necessità

3 Chiedi al professore che cosa è necessario fare per partecipare alla recita scolastica.

4 Di' che cosa ti serve per preparare la pizza.

■ esprimere sufficienza

5 Di' che cosa è sufficiente fare per organizzare una bella festa di fine anno scolastico.

Nella comunicazione scritta sono capace di ...

■ raccontare eventi e spettacoli

6 Descrivi uno spettacolo o una commedia che hai visto e che ti è piaciuta o a cui hai partecipato.

Unità 8

Ma che bella musica!

Libro dello studente, pp. 102-103

1 (27) **Ascolta di nuovo il dialogo a pagina 102 del libro dello studente e completa le frasi. Dopo associale alle immagini.**

1 **Alice:** Silvia, ______________________________ il nuovo pezzo di Jovanotti?
Silvia: Sì, ho visto il video proprio ieri. Il __________________ ma questa canzone è davvero carina!

2 **Silvia:** Suoni anche tu uno strumento?
Alice: No, in famiglia i 'musicisti' sono Teo e mio padre: lui ______________________ cantava in un ________________. Mia madre invece faceva ________________, era la più brava del suo corso.

3 **Rafael:** Allora ragazzi, sabato prossimo ____ dei Negramaro?
Silvia: Sabato? ________________________________!
Teo: Neanche io! Ho le prove con il mio gruppo.
Alice: Anche io ____!

4 **Teo:** Allora, per prepararvi alla musica dei Negramaro, adesso vi canto ____________________.
E tu, Rafael, mi accompagni alla batteria?
Tutti: Oh no, Teo! ________________________________...

a ☐ b ☐ c ☐ d ☐

2 **Rileggi la prima parte del dialogo e completa il testo.**

Silvia (1) ____________________ il video di Jovanotti. La musica pop non è il suo (2) ________________ ma la (3) ________________ di Jovanotti è davvero (4) ________________. Teo ha la (5) ________________ per la musica, da piccolo suonava una (6) ________________ giocattolo, una (7) ______________ e adesso suona la (8) ____________________.
Il (9) ________________ di Alice e Teo cantava in un (10) ____________ rock e la madre faceva (11) ____________ classica ed era la più brava del suo (12) ______________.

Libro dello studente, pp. 104-105

1 **Scrivi il nome degli strumenti musicali.**

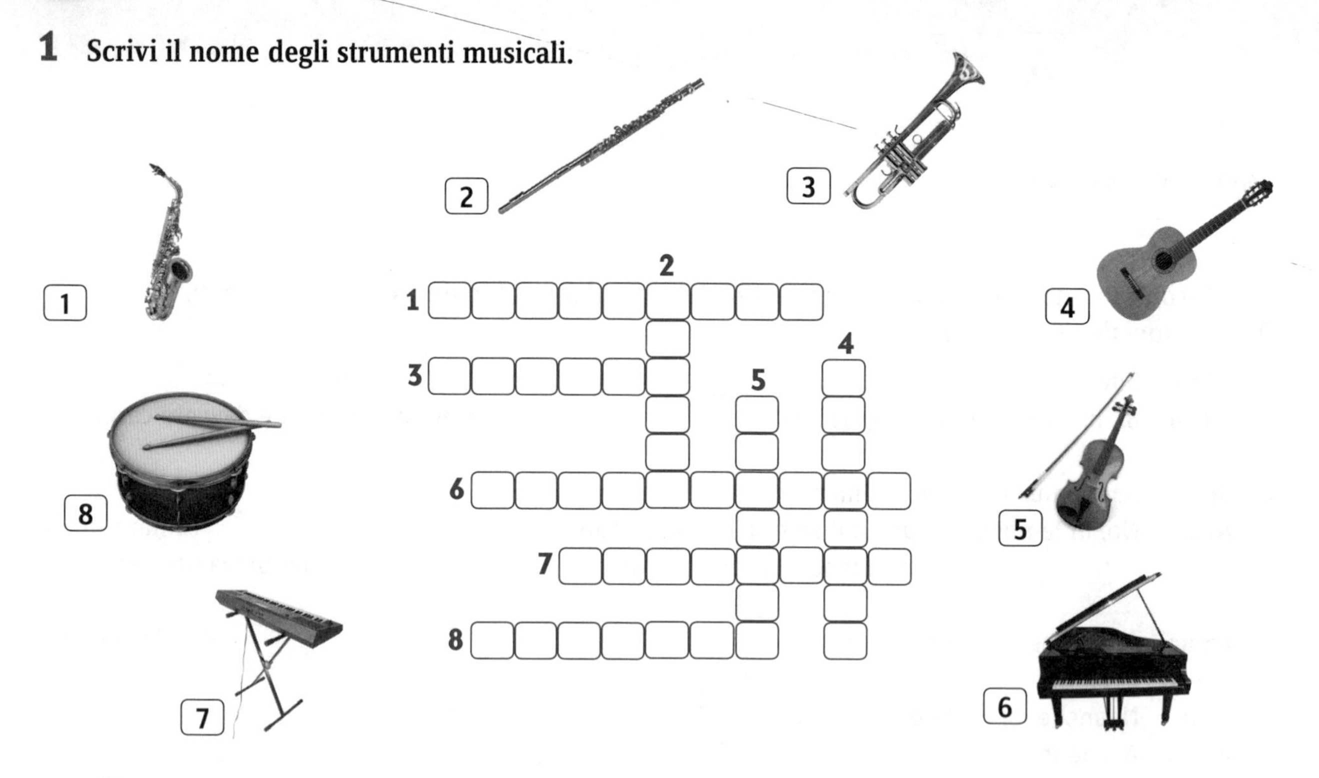

2 (28) **Ascolta e completa le frasi. Poi abbina ogni frase alla foto giusta.**

1 Il ____________ Claudio Abbado ha fondato l'__________________ dei Giovani musicisti europei nel 1976.

2 Il Volo, un gruppo musicale formato da tre giovani __________, ha conquistato l'America con la canzone *O' sole mio*.

3 Il famoso ____________ Cecilia Gasdia ama moltissimo sciare.

4 Il _________ degli alpini fa parte della tradizione musicale italiana.

3 **Scegli l'espressione giusta.**

1 Ragazzi, la verifica di matematica è andata benissimo!
- a ☐ Oh no! Che peccato!
- b ☐ Questa sì che è una bella notizia!

2 Oh no! L'autobus sta partendo!
- a ☐ Che rabbia! E adesso?
- b ☐ Meno male!

3 Il biglietto della partita costa troppo. Non possiamo venirci.
- a ☐ Peccato! Mi dispiace.
- b ☐ Che bello! Sono proprio contento.

4 Maurizio ha giocato al totocalcio e ha vinto 50 euro!
- a ☐ Oh no! Che brutta notizia!
- b ☐ Che fortuna!

5 Domani io e la mia famiglia partiamo per un viaggio in America.
- a ☐ Ma è fantastico!
- b ☐ Accidenti!

6 Ho dimenticato le chiavi di casa sul tavolo!
- a ☐ Mannaggia! Mi dispiace.
- b ☐ Meno male!

1 Unisci le frasi.

1 ☐ Mia nonna da piccola abitava in campagna.
2 ☐ Da bambino portavo gli occhiali.
3 ☐ Io sognavo di lavorare nel mondo dello spettacolo.
4 ☐ Anni fa avevate un cane.
5 ☐ In montagna eravamo sempre sulle piste da sci.
6 ☐ Prima i miei genitori abitavano vicino al mare.
7 ☐ Ieri avevi una bella gonna.
8 ☐ Quando era piccola Maria era timida e parlava poco.

a Volevo diventare un cantante o un attore.
b Scendevamo con lo slittino e facevamo snowboard.
c Adesso invece è socievole e chiacchierona.
d Giocava con tanti animali e si arrampicava sempre sugli alberi.
e Ora abitano nel centro della città.
f Si chiamava Tobia ed era molto affettuoso.
g Ora non li porto più.
h Era lunga e a fiori.

2 Leggi le frasi e scegli, per ogni foto, quella giusta.

A

B

C

D

☐ Le piaceva molto leggere.
☐ Eravamo in spiaggia.
☐ Avevo molti animali.
☐ Aveva una decorazione di cioccolata nel centro.
☐ Ci divertivamo molto.
☐ La mia casa era in mezzo al verde.
☐ Era curiosa e socievole.
☐ Era di crema, marmellata e pan di spagna.

3 Guarda le foto ed esprimi le tue sensazioni in queste situazioni.

1

2

Libro dello studente, pp. 108-109

L'imperfetto

1 Leggi il racconto. Sottolinea i verbi al passato e poi scrivili nella colonna giusta. Completa la scheda con l'infinito.

Mia nonna racconta che quando era giovane aveva i capelli neri. Ora, invece, li ha quasi tutti bianchi. Lei dice che anche la vita è cambiata radicalmente come i suoi capelli. Poiché non c'era internet, se voleva comunicare con amici o parenti lontani, scriveva lettere e aspettava l'arrivo del postino per avere loro notizie. Un giorno mi ha mostrato alcuni oggetti che conservava in soffitta: i dischi dei suoi cantanti preferiti. Com'erano grandi! Il suo giradischi funziona ancora, così abbiamo ascoltato qualche canzone dei suoi tempi e abbiamo ballato insieme.

Passato prossimo	Imperfetto	Infinito
	era	essere

2 Completa la tabella.

	Essere	Fare	Bere
io			
tu			bevevi
lui/lei	era		
noi		facevamo	
voi			
loro	erano		

3 Completa la lettera della nonna di Felicia.

Carissima Felicia,
so che a Natale hai ricevuto in regalo un nuovo videogioco. Sai cosa penso dei giochi moderni? Non mi piace vedere bambini che passano molte ore chiusi in casa a giocare da soli! Quando (essere, io) ____________ piccola, io e le mie amiche (stare) ____________ molto all'aperto, (saltare) ____________ con la corda, (fare) ____________ le corse, (andare) ____________ in bicicletta, (giocare) ____________ a mosca cieca o alla campana, (leggere) ____________ insieme o (inventare) ____________ storie insieme e (divertirsi) ____________ molto.
E tu, esci con le amiche, cosa fate?
I tempi cambiano, lo so...
Spero di rivederti presto.
Un abbraccio fortissimo,

la tua nonnina

4 Racconta com'era la tua camera qualche anno fa. Cosa è restato uguale? Cosa è cambiato?

Il superlativo relativo

5 Completa le risposte usando il superlativo relativo.

1 - Quale cantante ti piace di più?
- (bravo) Dolcenera, è la più brava.

2 - Quali canzoni state ascoltando?
- (simpatico) Quelle di Giorgio Gaber, ______________________.

3 - Chi ha vinto la gara di canto?
- (preparato) Gino, ______________________.

4 - Quali CD pensate di regalare ai vostri genitori?
- (divertenti) Quelli di Elio e le Storie Tese, ______________________.

5 - A quale corso ti sei iscritto?
- (interessante) A quello di chitarra classica, ______________________.

6 - Che strumento suonate?
- (completo) Il pianoforte, secondo noi ______________________.

6 Scrivi le domande.

1 ______________________?
Giuseppe Verdi è uno tra i più famosi musicisti italiani.

2 ______________________?
Il meno regolare in assoluto è il verbo 'essere'.

3 ______________________?
Il meno sportivo della classe è Alessio.

4 ______________________?
L'isola più grande del Mediterraneo è la Sicilia.

5 ______________________?
Il più simpatico tra i miei amici è Daniele.

6 ______________________?
La stagione meno calda è l'inverno.

Le congiunzioni 'poiché' e 'siccome'

7 Riscrivi le frasi usando 'poiché' o 'siccome'.

1 Non siamo andati al concerto perché avevamo la febbre.
Poiché avevamo la febbre, non siamo andati al concerto.

2 Quando ero piccola, spesso restavo sola perché ero timida.
______________________.

3 Conosci i nomi dei musicisti perché tuo padre è direttore d'orchestra.
______________________.

4 Simone non è uscito perché era stanco.
______________________.

5 In piazza c'erano poche persone perché faceva freddo.
______________________.

6 Non siete entrati perché non c'era più posto.
______________________.

8 Completa le frasi con 'poiché'/'siccome' o 'perché'.

1 Siccome non c'era nessuno X ho lasciato un biglietto.

2 ________ ho perso il treno ________ sono arrivato in ritardo.

3 ________ hai cambiato casa ________ ti sei trasferito.

4 ________ le vacanze sono finite ________ torniamo a casa.

5 ________ non abbiamo capito ________ eravamo distratti.

6 ________ domani ho un esame ________ oggi non esco.

Libro dello studente, pp. 110-111

Ascoltare

1 (29) **Ascolta il dialogo e indica se le affermazioni sono vere o false.**

		V	F
1	Sandra sta studiando chitarra classica al conservatorio.	☐	☐
2	Al conservatorio si studiano solo materie teoriche.	☐	☐
3	I professori del nonno erano tranquilli e rilassati.	☐	☐
4	Sandra non vuole più esercitarsi alla chitarra.	☐	☐
5	A Sandra piace molto il corso di canto.	☐	☐
6	Il nonno era uno studente pigro.	☐	☐
7	Il giorno dell'esame di ammissione il nonno era nervoso.	☐	☐
8	Sandra, invece, parlava continuamente per distrarsi.	☐	☐

Leggere

2 **Leggi il testo e scegli se le frasi sono vere (V), false (F) o se l'informazione non c'è (?).**

Gli adolescenti scelgono l'arte per il loro futuro

Boom di richieste per frequentare i licei musicali e coreutici

Sono sempre di più i ragazzi che vogliono frequentare i licei musicali e coreutici, ossia i licei della musica e della danza. Tecnici di laboratorio, informatici, geometri? Niente di tutto questo, il boom di richieste quest'anno è stato per frequentare i licei musicali e coreutici, istituiti, da due anni, come scuole secondarie indipendenti e non più esclusivamente all'interno del conservatorio.

In queste scuole si studiano materie come teoria e storia della musica, uno o più strumenti musicali, esercitazioni orchestrali o corali, mentre nell'indirizzo coreutico si insegnano storia, teoria e pratica della danza e laboratorio coreografico. Ma attenzione: avere il massimo dei voti nelle discipline pratiche non basta, il liceo musicale e coreutico è prima di tutto un liceo, e quindi si dà molta importanza anche alle altre materie, come la matematica e la letteratura. La frequenza a questi istituti non è libera ma a numero chiuso, questo significa che per poter accedervi è necessario superare un esame di ammissione.

Pare quindi che i giovani italiani stiano orientando le loro preferenze verso la tradizione musicale e artistica che ha reso l'Italia famosa in tutto il mondo. Ecco allora che accanto alle professioni classiche del mondo della musica, dei teatri e della danza, i ragazzi studiano e si preparano per diventare tecnico delle luci e del suono, critico musicale o registra teatrale.

		V	F	?
1	Negli ultimi tempi i ragazzi preferiscono frequentare istituti tecnici e informatici.	☐	☐	☐
2	I licei musicali sono scuole autonome dai conservatori.	☐	☐	☐
3	Gli studenti che frequentano l'indirizzo coreutico diventano geometri.	☐	☐	☐
4	Se si studia nei licei musicali si trova più facilmente lavoro.	☐	☐	☐
5	Non c'è una preselezione per poter frequentare queste scuole.	☐	☐	☐
6	I licei musicali si trovano in tutte le città d'Italia.	☐	☐	☐
7	Nei licei musicali si studiano anche materie letterarie.	☐	☐	☐
8	I genitori dei ragazzi sono critici nei confronti di questo tipo di scuole.	☐	☐	☐

Scrivere

3 Scrivi una pagina del tuo diario e racconta i ricordi della tua infanzia, come passavi il tempo e cosa è cambiato nel tuo aspetto fisico e nel carattere.

Competenza linguistica

4 Completa il testo con le parole del riquadro. Poi rispondi alla domanda.

molto ■ mai ■ felice ■ non ■ rimaneva ■ canto ■ del ■ continuava ■ famosissimo ■ aveva ■ di ■ faceva ■ cantava ■ piaceva

Fernando era un signore di Modena e (1) ________ due figli: Luciano e Gabriella. Fernando (2) ________ il panettiere ma gli (3) ________ anche il canto. Per questo motivo era (4) ________ quando (5) ________ nel coro di un'associazione (6) ________ suo comune. Anche a Luciano piaceva (7) ________ cantare ma (8) ________ a studiare per diventare insegnante (9) ________ educazione fisica. Tuttavia il canto (10) ________ la sua vera passione tanto che (11) ________ ha (12) ________ abbandonato gli studi di (13) ________ ed è diventato un tenore (14) ________.

Sai come si chiama questo tenore?

Luciano P _ _ A _ _ T _ _

Sei alla fine dell'Unità 8. Che cosa sai fare?

Nella comunicazione orale sono capace di ...

■ descrivere persone, cose e luoghi nel passato

1 Descrivi queste immagini.

1 Dante Alighieri

2 Auto del 1930

2 Guarda queste foto di piazza Venezia a Roma e di' che cosa è cambiato.

1905

Oggi

■ raccontare azioni abituali passate

3 Secondo te, come passava le giornate questa persona?

Leonardo da Vinci

■ esprimere rammarico, contentezza e insofferenza

4 Un tuo amico ti dice che ha appena perso il portafoglio. Tu come rispondi?

5 Di' quali sono i comportamenti che ti danno fastidio.

Nella comunicazione scritta sono capace di ...

■ descrivere cose, persone e luoghi nel passato e raccontare azioni abituali passate

6 Racconta come erano i momenti di festa nella tua famiglia (feste civili e religiose, compleanni ecc.).

Che tempo fa?

Libro dello studente, pp. 114-115

1 (30) **Ascolta di nuovo il dialogo a pagina 114 del libro dello studente e metti in ordine le immagini.**

a ☐

b ☐

c ☐

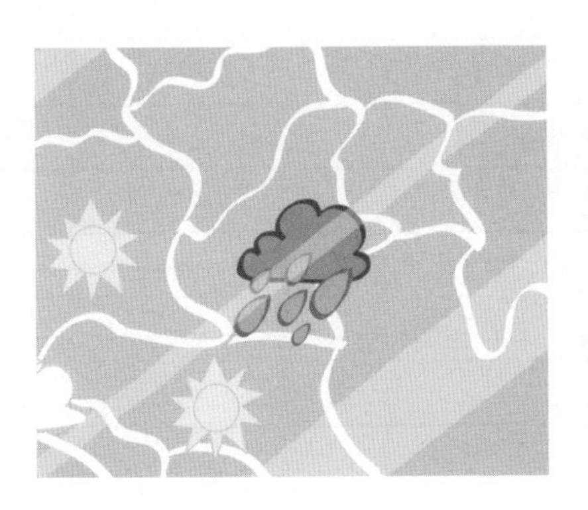

d ☐

e ☐

f ☐

2 Rileggi il dialogo e completa il riassunto.

Damiano vuole sapere come sarà il (1) ______________ perché nel fine settimana lui, Alice e Teo andranno a Venezia.
La notizia che (2) ______________ su tutto il Veneto non piace a Teo che teme di non poter andare in gondola.
Alice, al contrario, pensa che (3) ______________ affascinante navigare sui canali sotto una leggera pioggerellina. In ogni caso non vuole rinunciare a vedere il (4) ______________ e nemmeno a fare un giro in gondola.
In caso di (5) ______________ Damiano propone di visitare le (6) ______________ di Murano.
La sua idea piace ad Alice ma non soddisfa Teo perché lui vorrebbe girare tra le (7) ______________ di Venezia e vedere tanti (8) ______________.
Sua sorella, però, gli promette che visiteranno tutta la città anche con il (9) ______________ e che metteranno stivali e impermeabile se ci sarà l'(10) ______________ alta in piazza San Marco come ipotizza Teo.

Libro dello studente, pp. 116-117

1 **Abbina le frasi alle immagini.**

a ☐

b ☐

c ☐

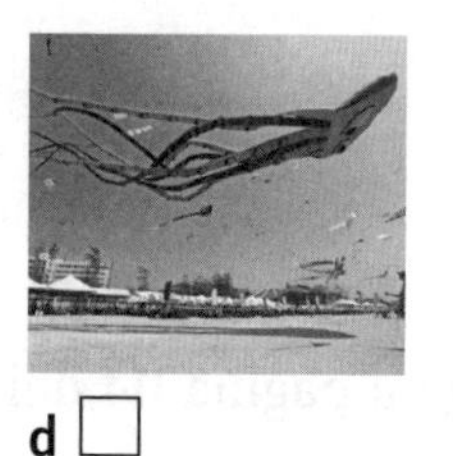
d ☐

e ☐

f ☐

1 Fa' attenzione, la strada è ghiacciata.
2 Non dimenticare l'ombrello, piove!
3 Finalmente il sole, che bello!
4 Che vento!
5 Mamma che nebbia! Non vedo niente!
6 Oh, di nuovo nuvole!

2 (31) **Osserva la cartina. Ascolta le previsioni del tempo e poi scrivi le differenze tra l'immagine e il dialogo.**

Catania + 13°

____
____
____
____
____
____
____
____
____
____

3 **Scrivi i nomi dei monumenti.**

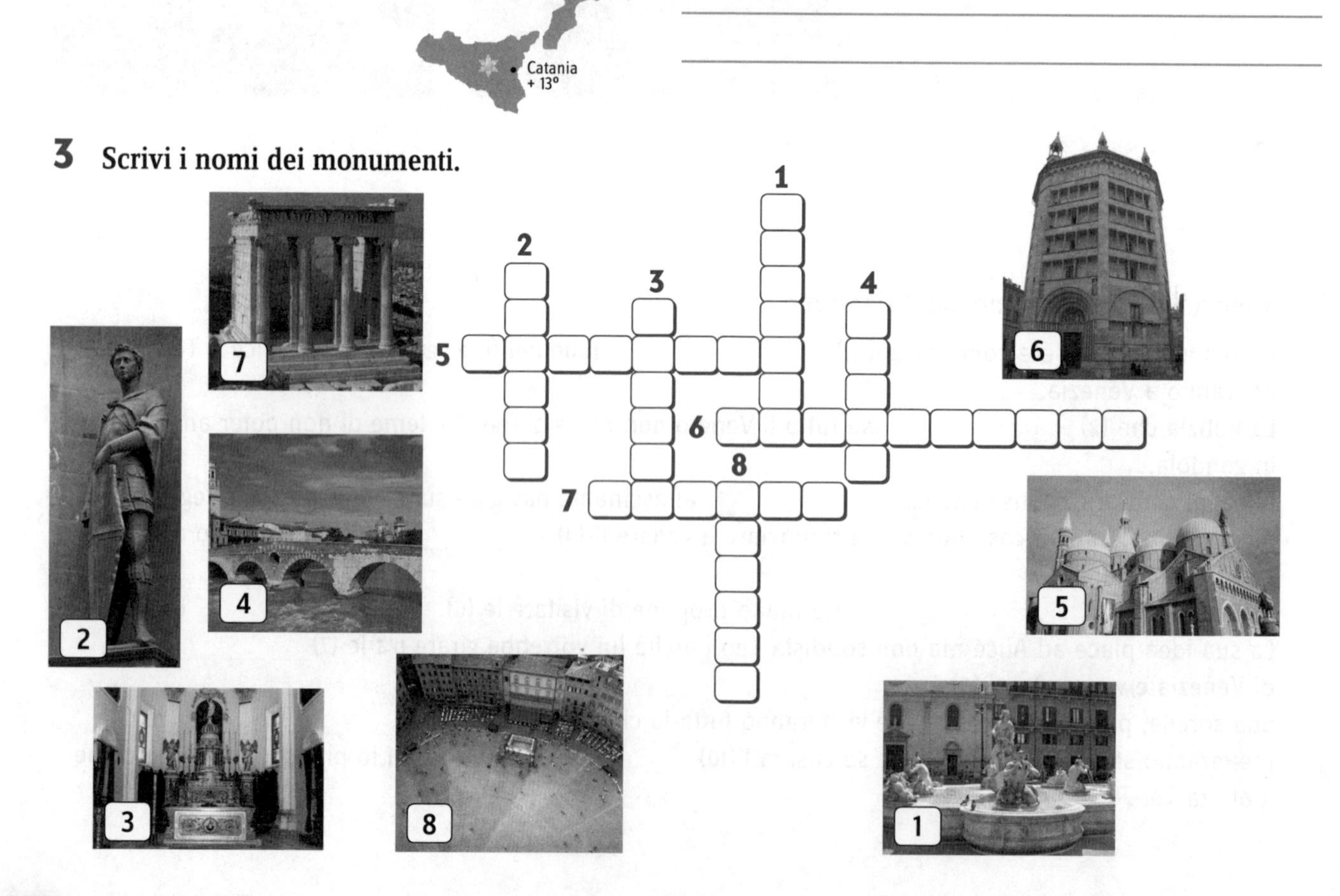

1 **Abbina le frasi alle immagini.**

- ☐ La prossima volta non sarò così golosa!
- ☐ E adesso? Arriverò sicuramente in ritardo al lavoro!
- ☐ Da domani sarò più ordinato!
- ☐ Vinceremo il campionato!
- ☐ Non mangerò più così tante caramelle!
- ☐ Quanti bagni faremo!
- ☐ Paolo, quando imparerai a mettere a posto?
- ☐ Mi iscriverò alla facoltà di medicina.
- ☐ Sempre in questo punto! Questa volta che sarà?
- ☐ Quest'anno la coppa sarà nostra!
- ☐ Dopo l'università mi specializzerò in pediatria.
- ☐ Io resterò tutto il giorno in spiaggia!

2 **Guarda le immagini e scrivi le promesse che fanno queste persone.**

____
____

____
____

____
____

____
____

3 **Completa il dialogo con le parole del riquadro.**

vento ▪ brutto ▪ freddo ▪ sole ▪ tempo ▪ sereno ▪ piove ▪ cielo ▪ aumenterà

Ciro: Pronto, Luca. Sono Ciro.

Luca: Ciao Ciro!

Ciro: Hai visto che __________? Tira __________, __________, è davvero __________!! Come faremo a fare l'allenamento al campo oggi pomeriggio?

Luca: È vero. Il __________ è grigio e fa __________ ma la tv dice che oggi pomeriggio il tempo cambierà.

Ciro: Ah sì? Che tempo farà?

Luca: Nel pomeriggio ci sarà il __________, il cielo sarà __________ e la temperatura __________.

Ciro: Che bella notizia! Allora ci vediamo oggi pomeriggio al campo.

Luca: Certo, a dopo!

Libro dello studente, pp. 120-121

I verbi impersonali

1 Che tempo fa? Descrivi le immagini.

1 ______________________

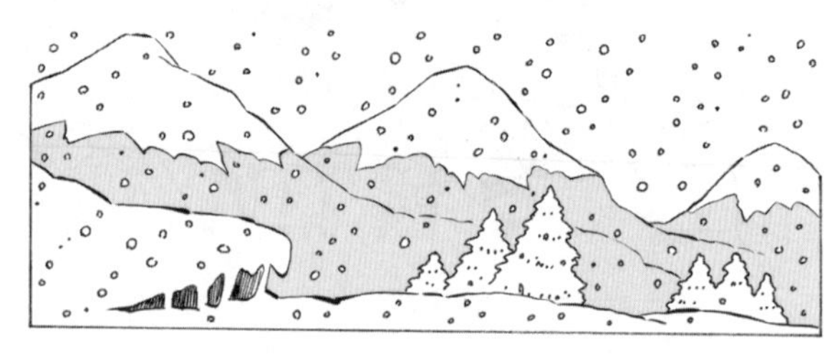

2 ______________________

3 ______________________

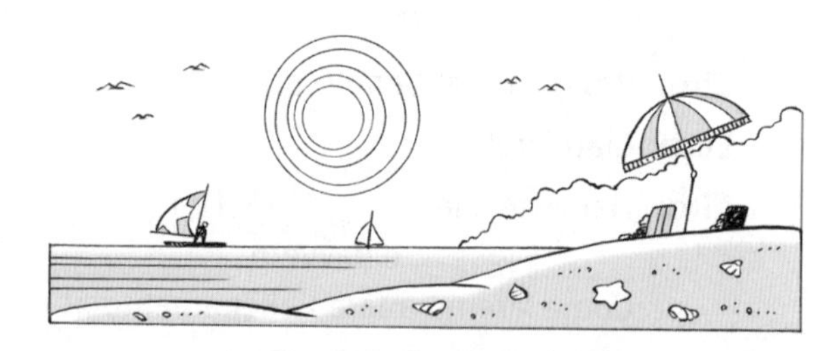

4 ______________________

5 ______________________

2 Completa le frasi con un verbo del riquadro.

fare caldo ▪ essere sereno ▪ piovere ▪ nevicare ▪ fare freddo ▪ gelare

1 Metto il cappotto, la sciarpa e i guanti perché ______________.
2 Il cielo è grigio e ci sono i tuoni. Fra poco ______________.
3 Preferisco l'estate quando ______________ e c'è il sole.
4 Appena ______________ andiamo in montagna a sciare.
5 Che bella giornata! Il cielo ______________ e non tira vento.
6 Con questa temperatura la neve ______________ e diventa ghiaccio.

Il futuro semplice

3 Completa con il verbo e indica la funzione del futuro in queste frasi.

a = progetto ▪ b = previsione ▪ c = promessa ▪ d = ipotesi

1 Guarda come nevica! Probabilmente non (noi, andare) andremo a scuola oggi. d
2 Il prossimo fine settimana i miei genitori (partire) __________ per la Cina e ci (restare) __________ per due settimane. ____
3 Mamma, ti prometto che (mettere) __________ in ordine la mia stanza. ____
4 Domani (continuare) __________ il bel tempo e le temperature (aumentare) __________. ____
5 Se domani non (voi, essere) __________ troppo stanchi, (venire) __________ alla mia festa? ____
6 Domani, dopo la scuola io e Emma (fare) __________ un giro in centro e (comprare) __________ il regalo per Gioia. ____

4 **Trasforma questo testo al futuro e scrivilo sul tuo quaderno.**

Oggi mi alzo tardi e faccio colazione a casa. Bevo il caffellatte e mangio i miei biscotti preferiti. Guardo un po' la tv, dopo mi vesto ed esco a fare un giro con Artù, il mio cane. Facciamo una passeggiata di un'ora, quindi riaccompagno Artù a casa e vado a fare spese con il mio papà. Dopo, torniamo a casa e mentre io faccio un po' di compiti la mia mamma mi prepara la merenda. Verso sera, telefono a Leo e gli chiedo di venire a casa mia. Prima, però, devo chiedere il permesso alla mamma.

Domani mi alzerò tardi e ... ______________________________

____

5 **Paolo ha vinto al totocalcio. Guarda le immagini e scrivi che cosa farà.**

____

____

____

____

____

____

____

____

____

____

____

____

6 **Scrivi il verbo e forma delle frasi.**

1 Se avrò bisogno di aiuto
2 Se andremo in Sicilia
3 Se Gino e Licia finiranno presto i compiti
4 Se domani verrai a casa mia
5 Se avrete ancora problemi con questo computer
6 Se Liliana non arriverà fra cinque minuti

☐ (venire) __________ anche loro al centro sportivo.

☐ (dovere) __________ cambiarlo. È troppo vecchio.

☐ ti (chiamare) __________.

☐ (perdere) __________ l'inizio dello spettacolo.

☐ (assaggiare) __________ la famosa torta al cioccolato di mia madre.

☐ (visitare) __________ Catania e (andare) __________ sull'Etna.

Le congiunzioni

7 **Completa le frasi con: 'perché', 'siccome', 'poiché' o 'anche se'.**

1 __________ ho dimenticato le chiavi di casa, devo aspettare i miei genitori.

2 Cinzia si è messa il maglione di lana e la sciarpa __________ aveva freddo.

3 __________ piove e tira vento la partita si giocherà ugualmente.

4 Abbiamo comprato tutta l'attrezzatura per sciare __________ partiremo per la settimana bianca.

5 __________ Ivana è una bravissima pianista, entrerà sicuramente al conservatorio.

6 __________ c'era poca neve, ci siamo divertiti molto in montagna.

7 Purtroppo Alice e Bruno non verranno al concerto __________ i biglietti sono esauriti.

8 Non andrò alla sua festa __________ mi piacerebbe molto.

Ascoltare

1 (32) **Ascolta e scrivi i nomi delle persone che parlano.**

1 ______________________

2 ______________________

3 ______________________

4 ______________________

Leggere

2 **Leggi il testo e rispondi alle domande.**

GITA SCOLASTICA

L'Umbria naturalistica

- Quota di partecipazione: 300€ a persona.

La quota comprende:

- sistemazione al Castello Verde nella tranquillità e bellezza di un antico castello medievale (gli studenti alloggeranno in camere a 2, 3 o 4 posti letto con servizi privati; camere singole disponibili a richiesta e dietro il pagamento di un supplemento di 20€ a notte; prima colazione e cena incluse nel prezzo);
- viaggio e transferimenti in pullman, disponibile 24 ore su 24;
- tutte le visite, i biglietti di ingresso e le guide.

La quota non comprende:

- i pranzi, la visita in ecobattello e tutti gli extra non espressamente menzionati nell'itinerario.

1 Che tipo di viaggio è?

____

____

2 Quanti studenti potranno dormire in una camera?

____

____

3 Quali attività naturalistiche si possono fare all'Oasi del lago Trasimeno?

____

____

PRIMO GIORNO

Ore 10 circa: arrivo al lago Trasimeno per escursione naturalistica:

- presentazione del Parco Naturale del Trasimeno, delle sue tre isole e dell'Oasi;
- attività guidata di trekking naturalistico e birdwatching;

Ore 13.00: pranzo.

Ore 14.30: partenza in barca per visita guidata all'Isola Maggiore e al suo borgo medievale.

Nel corso della visita, verrà presentata anche la storia del lago e delle sue antiche popolazioni.

Termine delle attività alle ore 18.30 circa e rientro in albergo.

Ore 20.00: cena e serata libera.

SECONDO GIORNO

Ore 9.30: arrivo alla cascata delle Marmore in Valnerina. La visita comprende:

- trekking naturalistico guidato di circa due ore;
- osservazione diretta e spiegazione della ricca flora locale;
- per studenti fino a 8 anni, visita guidata con lo Gnefro, il tradizionale folletto della cascata, su prenotazione.

Ore 13.00: pranzo.

Ore 14: trasferimento al lago di Piediluco per partenza con l'ecobattello (con supplemento).

Ore 15.30: partenza per l'abbazia di San Pietro in Valle. Visita della bellissima abbazia longobarda e dei dintorni.

Ore 20.00: cena e serata libera.

Partenza alle 9.00 della mattina successiva.

4 Quante isole ci sono nel lago Trasimeno?

____

____

5 Quali attività naturalistiche si possono fare alla cascata delle Marmore?

____

____

6 La visita al lago di Piediluco con l'ecobattello è inclusa nella quota di partecipazione?

____

____

Scrivere

3 **Scrivi un itinerario di una città italiana che hai visitato o che ti piacerebbe visitare.**

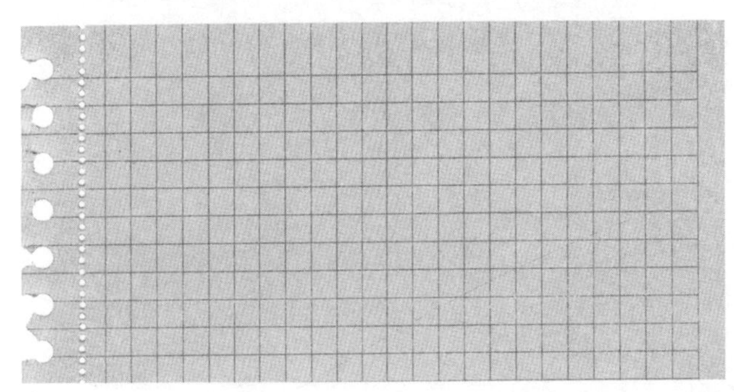

Sei alla fine dell'Unità 9. Che cosa sai fare?

Nella comunicazione orale sono capace di ...

- parlare del tempo amosferico

1 Sei in montagna e inviti un tuo amico a casa tua. Lui ti domanda che tempo fa lì e tu gli rispondi.

- parlare di progetti

2 La scuola è finita. Passi due giorni da un amico e gli dici che cosa farai durante le vacanze estive.

- fare previsioni

3 Parla con il tuo compagno di banco su come pensi che cambierà la tua scuola e la tua classe il prossimo anno scolastico.

- fare promesse

4 Fa' tre promesse al tuo migliore amico.

Nella comunicazione scritta sono capace di ...

- raccontare i miei progetti futuri

5 Stai per partire per il Canada. Scrivi a un compagno quando partirai, quando tornerai, come andrai in Canada e come passerai le vacanze.

Passato prossimo I

	Parlare	Vendere	Capire
io ho	parl**ato**	vend**uto**	cap**ito**
tu hai	parl**ato**	vend**uto**	cap**ito**
lui/lei ha	parl**ato**	vend**uto**	cap**ito**
noi abbiamo	parl**ato**	vend**uto**	cap**ito**
voi avete	parl**ato**	vend**uto**	cap**ito**
loro hanno	parl**ato**	vend**uto**	cap**ito**

Il passato prossimo dei verbi transitivi si forma con l'ausiliare 'avere' e il participio passato.
Il participio passato regolare si forma come segue:
verbi in -are → **-ato**
verbi in -ere → **-uto**
verbi in -ire → **-ito**

Passato prossimo II

Verbi intransitivi
Alcuni verbi formano il passato prossimo con l'ausiliare 'essere'. Questi verbi, che si chiamano 'intransitivi', indicano in genere:
- movimento da un punto a un altro, come **uscire**, **entrare**, **andare**, **venire**, **tornare**, **partire**, **arrivare**;
- assenza di movimento, come **essere**, **rimanere**, **stare**, **restare**;
- un cambiamento di stato, come **nascere**, **diventare**, **crescere**, **morire**, **arrossire**.

Marco è andato al cinema.
*Ieri sera **sono restata** a casa.*

Il participio dei verbi che hanno l'ausiliare 'essere' si accorda con il soggetto per genere (maschile o femminile) e numero (singolare o plurale). In caso di un soggetto plurale misto il participio è maschile.

***Rafael e Alice** sono andati al cinema.*
***Sonia** è partita per il mare.*
***Gli studenti** sono rimasti in biblioteca.*
***Le mie amiche** sono state in vacanza.*

Participi passati irregolari I

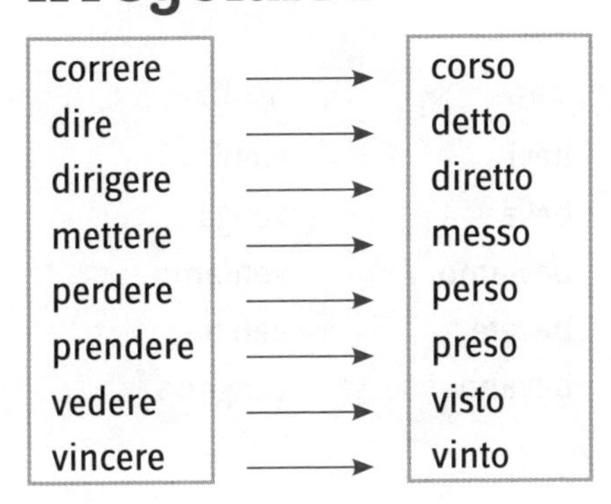

correre	→	corso
dire	→	detto
dirigere	→	diretto
mettere	→	messo
perdere	→	perso
prendere	→	preso
vedere	→	visto
vincere	→	vinto

Participi passati irregolari II

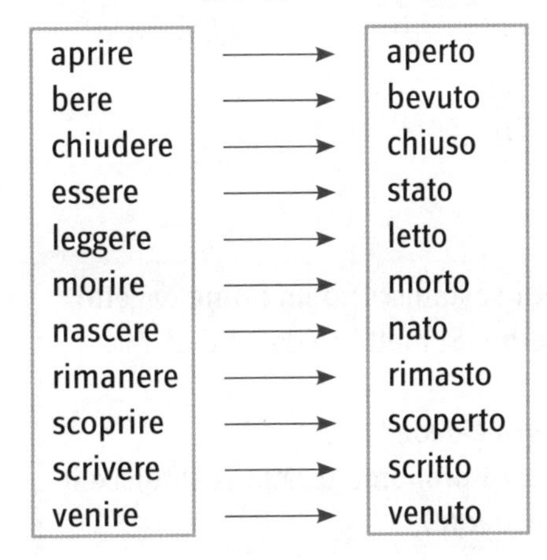

aprire	→	aperto
bere	→	bevuto
chiudere	→	chiuso
essere	→	stato
leggere	→	letto
morire	→	morto
nascere	→	nato
rimanere	→	rimasto
scoprire	→	scoperto
scrivere	→	scritto
venire	→	venuto

Participi passati irregolari III

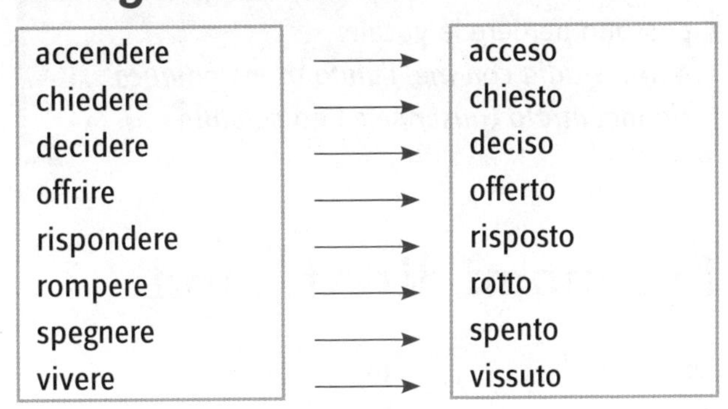

accendere	→	acceso
chiedere	→	chiesto
decidere	→	deciso
offrire	→	offerto
rispondere	→	risposto
rompere	→	rotto
spegnere	→	spento
vivere	→	vissuto

Imperativo di 'bere' e 'venire'

	Bere	Venire
tu	bevi	vieni
lui/lei/Lei	beva	venga
noi	beviamo	veniamo
voi	bevete	venite
loro	bevano	vengano

Pronomi diretti 3ª persona

	Maschile	Femminile
Singolare	lo	la
Plurale	li	le

I pronomi diretti sostituiscono un nome oggetto diretto di un verbo. Si mettono davanti al verbo coniugato.
- *Conosci il teatro Odeon?*
- *Sì, **lo** conosco.* (il pronome diretto sostituisce il nome 'teatro Odeon').

Nelle frasi negative il pronome diretto viene dopo la particella 'non'.
*No, **non lo** conosco.*

Davanti a vocale e 'h' i pronomi singolari possono perdere la vocale.
Maria studia con me, l'aiuto in matematica.
Ho incontrato Giuseppe e l'ho salutato.

I pronomi diretti atoni

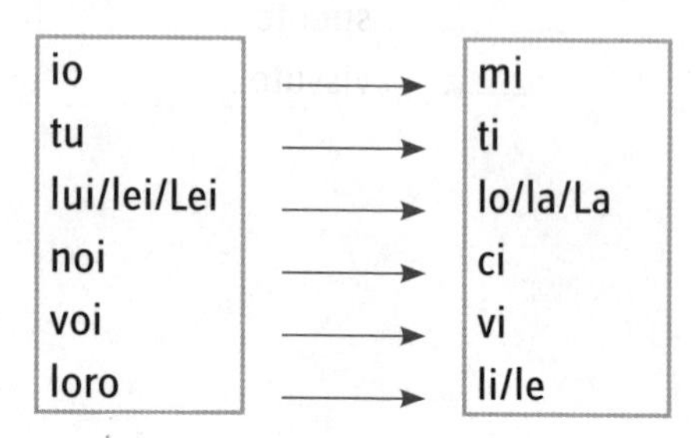

io	→	mi
tu	→	ti
lui/lei/Lei	→	lo/la/La
noi	→	ci
voi	→	vi
loro	→	li/le

L'imperativo negativo

Mangiare	
tu	non mangiare
lui/lei/Lei	non mangi
noi	non mangiamo
voi	non mangiate
loro	non mangino

La forma negativa dell'imperativo si forma con la particella 'non' davanti al verbo. Alla 2ª persona singolare il verbo rimane all'infinito.
*Mario, **non aprire** la finestra.*

I comparativi

Si usano quando si confrontano due persone o due cose su:
- una qualità: *Alice è meno pigra di Teo.*
- un'azione: *Rafael studia quanto Damiano.*
- l'oggetto diretto di un verbo: *Teo mangia più dolci di Alice.*

Il comparativo può essere:
- **di maggioranza**, formato da **più** + nome, aggettivo o avverbio + **di** (+ **articolo**):
*Scrivo **più** mail **dei** miei compagni.*
*Le frittelle sono **più** buone **del** budino.*
*Silvia corre **più** velocemente **di** Alberto.*

- **di uguaglianza**, formato da:
(**così** +) aggettivo o avverbio + **come**;
(**tanto** +) nome, aggettivo o avverbio + **quanto**:
*In classe ci sono **tanti** banchi **quanti** studenti.*
*Sei **tanto** pigro **quanto** goloso!*
*Martina parla l'inglese bene **come** Lucia.*

- **di minoranza**, formato da **meno** + nome, aggettivo o avverbio + **di** (+ **articolo**):
*Il mio cane fa **meno** capricci **del** tuo.*
*Milano è **meno** calda **di** Palermo.*
*Guido legge le istruzioni **meno** attentamente **di** me.*

Elenco delle tracce audio

Traccia	Unità	Esercizio	Pagina
2	Unità 0	esercizio 1	pagina 3
3	Unità 1	esercizi 1-2	pagina 5
4	Unità 1	esercizio 3	pagina 7
5	Unità 1	esercizio 6	pagina 9
6	Unità 1	esercizio 8	pagina 9
7	Unità 1	esercizio 1	pagina 10
8	Unità 2	esercizio 1	pagina 13
9	Unità 2	esercizio 1	pagina 15
10	Unità 2	esercizi 1-2	pagina 18
11	Unità 3	esercizio 1	pagina 21
12	Unità 3	esercizio 4	pagina 22
13	Unità 3	esercizio 1	pagina 26
14	Unità 4	esercizio 1	pagina 29
15	Unità 4	esercizio 2	pagina 31
16	Unità 4	esercizio 3	pagina 32
17	Unità 4	esercizio 1	pagina 34
18	Unità 5	esercizio 1	pagina 37
19	Unità 5	esercizio 2	pagina 39
20	Unità 5	esercizio 7	pagina 41
21	Unità 5	esercizio 1	pagina 42
22	Unità 6	esercizio 1	pagina 45
23	Unità 6	esercizio 1	pagina 47
24	Unità 6	esercizi 1-2	pagina 50
25	Unità 7	esercizio 1	pagina 53
26	Unità 7	esercizi 1-2	pagina 58
27	Unità 8	esercizio 1	pagina 61
28	Unità 8	esercizio 2	pagina 62
29	Unità 8	esercizio 1	pagina 66
30	Unità 9	esercizio 1	pagina 69
31	Unità 9	esercizio 2	pagina 70
32	Unità 9	esercizio 1	pagina 74

Maddalena Bolognese, Ivana Viappiani
Amici d'Italia
Corso di italiano Eserciziario Livello 2

Coordinamento editoriale: Paola Accattoli
Redazione: Paola Accattoli, Gigliola Capodaglio
Direttore artistico: Marco Mercatali
Progetto grafico: Sergio Elisei
Impaginazione: Thesis Contents S.r.l. - Firenze-Milano
Ricerca iconografica: Giorgia D'Angelo
Direttore di produzione: Francesco Capitano
Concezione grafica della copertina: Paola Lorenzetti
Foto di copertina: Getty Images

Casella Postale 6
62019 Recanati
Italia
Telefono: +39 071 750701
Fax: +39 071 977851
info@elionline.com
www.elionline.com

Crediti
Illustrazioni: Susanna Spelta / Marcello Carriero / Guglielmo Signora / Pietro Di Chiara
Fotografie: Shutterstock, archivio ELI

Seconda ristampa luglio 2019

Stampa Tecnostampa Pigini Group Printing Division
Loreto - Trevi 13.83.135.2

ISBN 978-88-536-1516-9

La presente pubblicazione è stata realizzata in collaborazione con un gruppo di studio e di sperimentazione appartenente a:

CORSI DI LINGUA E CULTURA ITALIANA